Trop jeune pour être vieille

DES MÊMES AUTRICES

Joëlle Goron

Fin octobre, Flammarion, 1990
Je râle pour vous, Michel Lafon, 1994
Je persiste et je râle, toujours pour vous!, Michel Lafon, 1995
T'as tout pour être heureuse, L'école des loisirs, 1995
Le Poulet du dimanche, Flammarion, 2013
Cette maison me rendra folle, Flammarion, 2000

Delphine Apiou

Avant, j'avais deux seins, Robert Laffont, 2015
Prends-moi pour une cruche, Robert Laffont, 2017
Mon tout petit, Denoël, 2020

Joëlle Goron
avec Delphine Apiou

Trop jeune pour être vieille

Petit manuel de savoir rire
(et profiter) de son âge

DENOËL

© Éditions Denoël, 2021.

Après une vie très très remplie, je suis aujourd'hui devenue une «nouvelle vieille» assez flemmarde... Manquant d'énergie pour écrire seule ce livre qui me tenait à cœur depuis plusieurs années, j'ai fait appel à la complicité de Delphine Apiou.

Merci à elle pour cet accompagnement talentueux, pour ses pertinentes observations, son indéfectible humour et nos fous rires de gamines.

J. G.

Prologue

Pourquoi ce livre ?

Mettons tout de suite les pieds dans le plat : j'ai 77 ans. Je n'ai jamais caché mon âge. Sauf peut-être au temps des boums, parce qu'à 15 ans j'en faisais 12, du fait de mon absence de poitrine et de sex-appeal…

Pourquoi avoir honte de vieillir alors qu'on devrait plutôt s'en féliciter et souhaiter à tout le monde d'y parvenir ?

Tout dans la société nous ramène sans cesse à cette histoire de « faire vieux » ou « faire jeune ».

Pendant des années, au fil de mes chroniques dans *Froufrou* sur France 2, mais aussi sur France Inter ou sur RTL avec Stéphane Bern, j'ai abordé ces sujets à propos des femmes : leur âge, l'image qu'elles renvoient, leurs difficultés, leurs agacements et les injustices qu'elles subissent. Toujours au second degré. J'étais persuadée, et je le suis encore, que si la société est responsable de bien des injustices qui pèsent sur les femmes, ce n'est pas forcément à elle de les résoudre. C'est plutôt à nous, les femmes, de nous prendre en main, avec patience (et surtout avec une dose colossale d'humour). Car si les progrès galopent en matière de technologie, du côté de notre réalité quotidienne, les choses ont plutôt tendance à lambiner.

Prenez la différence salariale entre les femmes et les hommes, sujet qui m'énervait prodigieusement dans les années soixante-dix. Près de cinquante ans plus tard, elle est passée de 30 % à... 19 %. Quel résultat ! Et si nous nous en tenons aux propos des sociologues les plus optimistes, il faudra attendre 2050 pour parvenir à une égalité. Super pour nos petites-filles, non ?

Dans le même genre, j'ai encore entendu récemment un journaliste dire aux infos, à propos d'une femme, que son métier était « mère de famille ». Certes, c'est une véritable occupation. Mais ce n'est pas un métier... Et, surtout, avez-vous déjà entendu les mêmes propos concernant un homme ? Non. Père de famille, ce n'est pas un métier.

Et tout le reste est à l'avenant. Soit nous faisons du surplace, soit la situation devient plus angoissante parce que schizophrénique.

D'un côté, on recule l'âge du départ à la retraite à 65 ans, et de l'autre une femme de plus de 50 ans a de moins en moins de chances de trouver un travail. Bonnes à mettre au placard. Immontrables. Inutilisables. Direction poubelle. La jaune ou la verte ? Comme si les femmes se trouvaient d'emblée assimilées à leurs grand-mères avec toute la panoplie des mémés confitures : macramé, bas de contention et gros ventre. Et, parallèlement, histoire de nous coller le moral dans les baskets, magazines féminins et réseaux sociaux nous exhibent les mêmes femmes de 50 ans version hypersexy, comme si le temps n'avait pas de prise sur elles. Photos retouchées, prises dans le brouillard, de dos, de profil en contrejour… bref, pas VRAIES. Le jeu est faussé. Et nous, notre moral est plombé. Culpabilisées à mort d'être si peu à la hauteur. Minables que nous sommes. Pauvres filles.

Alors que faire de cet état des lieux navrant ? Comment se comporter à 50, 60, 70 ans ? Comment faire avec sa tête et son corps de pas-aussi-vieille-qu'on-veut-nous-le-faire-croire, sans se prendre non plus pour la bombe des magazines ? Comment ne pas perdre la tête quand on nous dit d'un côté qu'on est trop vieille pour travailler mais que, de l'autre, on doit faire bander les messieurs de tout âge ?

Où est la solution ? On complexe à tout-va ? On rampe pour ne pas déparer dans le décor ambiant ? On se balade en gris souris ? On court après des chimères en se faisant ravauder la peau, dès 30 ans, de la plante des pieds aux lobes des oreilles ? On décide d'avoir 39 ans à vie ? On prend un abonnement chez le psy pour déprime perpétuelle et bilan à se flinguer ?

Moi je dis NON. Arrêtons le jeu de massacre.

Procédons plutôt à un constat honnête et lucide : d'un côté, nous faisons des enfants plus tard (en moyenne à 30 ans), nous travaillons plus longtemps pour valider notre retraite, et nous sommes désormais réparables dans tous les services après-vente (prothèses, dents, oreilles, yeux, etc.), donc en bon état de marche, et de l'autre on nous serine à tout bout de champ que c'est pas joli joli de prendre chaque année un an de plus, et des rides en prime, et qu'il va falloir supporter cette injustice. Quid de notre positionnement sur le marché? Sur le terrain de la séduction, nous devenons transparentes, et sur celui du travail, nous n'avons plus notre place. Retour aux confitures maison. Restez dispo, on vous rappellera en temps de guerre.

Mais nous, les femmes, avons une qualité épatante. Nous nous adaptons très bien au climat général. C'est un de nos atouts les plus précieux. Jusqu'au moment où notre instinct nous suggère gentiment qu'il est temps de muter un chouïa. Pour survivre, tout simplement.

Nous avons eu en 1970 les « nouveaux philosophes » qui en avaient ras la casquette des marxistes, la « nouvelle cuisine » qui nous a permis de découvrir la saveur des légumes, les « nouveaux pères » (ceux qui acceptent de pleurer quand ils ont du chagrin et de pousser les landaus). Eh bien, voici les « nouvelles vieilles » : celles qui n'ont pas honte de leur âge et qui ont décidé que, si elles sont « vieilles », il est hors de question de se faire reléguer sans broncher sur une étagère.

Ce que je vous propose? Un modèle inédit sur le marché : un cœur léger de « nouvelle vieille ». Ça passe par la prise en main et la révision du mode d'emploi. Parce que s'il y a de nouvelles configurations, un nouvel environnement, alors le devoir de la « nouvelle vieille », c'est de revisiter aussi les « fondamentaux », comme ils disent : le sexe, le travail, le look, les rapports avec les enfants…

Dans ce livre, je veux parler à toutes ces générations (la mienne et celles qui me suivent) de femmes qui complexent, se torturent le corps et l'esprit, ont le popotin entre deux chaises et deux âges, et leur raconter comment j'ai révisé le mode d'emploi de la vieillesse.

Au fil des ans, j'ai pu constater tous les changements qui découlaient du temps qui passe, les difficultés, les blocages et les bénéfices – oui, il y en a (et ça ne tient pas seulement à la pratique du yoga). J'ai eu la chance d'avoir un parcours professionnel plutôt riche en détours et rencontres formidables, j'ai écrit des scénarios, et mon amoureux m'a toujours poussée à être comme je suis. J'ai beaucoup écouté mes copines, mes collègues, les femmes que je croisais sans que jamais ma curiosité ne s'éteigne, et j'ai souvent eu l'impression que faire entendre les choses comme je les pensais pouvait faire du bien autour de moi.

1

C'est quand, vieille ?

Vous connaissez cet élan de joie quand une copine de votre fils vous gratifie d'un « Vous ne faites pas votre âge », suivi d'une redescente tout aussi rapide : « Si elle me dit ça, c'est que je suis vieille ! » Nous sommes les championnes des allers et retours (parfois dans la même heure !) entre « je suis vieille » (en appuyant bien sur le *Vi* de vieille) et « je suis encore jeune ». Ces moments où l'on ne sait plus si on a 117 ou 28 ans.

Et si ne plus savoir se situer, ne plus savoir où est sa jupe, était le début de la vieillerie ? Il est tentant de se dire qu'à partir du moment où l'on se pose la question, c'est que l'on connaît déjà la réponse (principe valable pour beaucoup de choses dans la vie : « Il fait chaud ou c'est moi ?! », « Mon mari est-il encore sexy ? », « Mon mari a-t-il un jour été sexy ? »).

Vous n'aviez certainement pas besoin de moi pour comprendre que ces épuisants questionnements sont synonymes de carte Vermeil. Ah, la première inscription à la carte Vermeil ! L'incrédulité quand on coche la catégorie

« plus de 59 ans » : « Mais c'est pas moi, cette vieille ! » Et pourtant si ! Il faut plusieurs utilisations de la fichue carte pour que les réductions obtenues compensent ce désagréable sentiment d'avoir plongé dans la « sénioritude ». Je connais des femmes qui refusent de la prendre, certainement pour se persuader qu'elles ne sont pas *vermeilles*... Bien sûr, chacun fait comme il peut, mais il me semble que l'acceptation de son âge est une des clés de l'épanouissement. Je ne vais pas non plus vous mentir ni vous la faire à l'envers (il y a des livres de développement personnel pour ça), mais pour moi qui ai la carte Vermeil depuis un paquet d'années (je ne compte plus), les choses ne vont pas aller en s'arrangeant. En revanche (et c'est là que je vais vous être utile), je peux vous affirmer qu'en rectifiant l'angle de vue, ça change pratiquement tout. Au cas où vous ne l'auriez pas remarqué, *Vermeil(le)* est l'anagramme de *Merveille*... (Je sens que vous m'adorez déjà.)

Au chapitre des réjouissances, vous avez certainement remarqué que l'âge de la « vieillesse » recule (d'où ce livre...). Ainsi, la crise de la quarantaine a désormais pratiquement disparu. Certes, cela demeure un tournant important, mais sans commune mesure avec ce que vivaient les femmes des générations précédentes. De nos jours, par exemple, être enceinte à 40 ans est en passe de devenir banal (pour la génération précédente, il s'agissait souvent d'un « accident », et on décidait d'aller à terme ou pas). À 40 ans, on se remarie, on « redémarre » une nouvelle vie, on change de métier sans que cela étonne personne (et sans même y être contrainte, uniquement parce qu'on s'aperçoit qu'on est plus à sa place dans une boulangerie que dans un service marketing). Une série américaine s'est même intitulée *40 Is the New 20* («40 ans est le nouveau 20 ans»).

Mais peut-on en dire autant de la crise de la cinquantaine? A-t-elle disparu aujourd'hui? 50 est-il devenu le nouveau 30?

Ici, la donne est plus nuancée. S'il existe sans conteste un nouveau 50 ans (d'où, encore une fois, ce livre), c'est toujours une étape tout sauf anodine et parfois assez difficile à franchir. La cinquantaine marque le top départ d'un tas de «surprises» qui semblent (en tout cas pour l'instant) ne pas vouloir disparaître…

Petite liste (malheureusement non exhaustive)
de ce qui nous tombe dessus
à partir de la cinquantaine

- Pour perdre du poids, il ne suffit plus de limiter le pain, le vin et le fromage, il faut arrêter de manger.
- On découvre que le gras peut émigrer jusque sous nos omoplates (bizarre, cette sensation qu'il y a quelqu'un derrière nous sous la douche quand on se lave).
- On ressent une furieuse envie de changer de vie (et de mari).
- On sait qu'on ne sera jamais danseuse au Bolchoï.
- Nos parents vieillissent. Terrible moment où les rôles s'inversent et où l'on doit s'occuper de ceux qui ont toujours pris soin de nous.
- Nos parents meurent, même. Outre la peine, c'est aussi un cap effroyable puisque, en vie, ils étaient un rempart contre notre propre mort («Après, c'est mon tour»).
- Les enfants ont quitté la maison ou sont en train de le faire. On doit appréhender le fait que l'on se sente encore parent alors qu'eux ne se considèrent plus comme des enfants...
- C'est la décennie où le statut de grand-mère nous pend au nez... Même si on l'a réclamé à grands cris et que l'on est ravie de l'être, il faut digérer l'info. «Je suis grand-mère» = «Je suis vraiment vieille».
- La ménopause devient une notion très concrète... Avec sa cohorte d'idées (parfois reçues) allant de «Je ne peux

plus faire d'enfant » à « Donc je ne suis plus une femme » et « Je n'existe pas aux yeux des hommes »…
- On trouve que les gens de notre âge sont vieux (ce qui ne nous empêche pas d'affirmer : « Oui, j'ai des rides, mais je suis toujours tellement jeune dans ma tête… »).
- En voiture, quand un type énervé nous double (on roule trop lentement – un signe en soi), il ne nous traite plus de « connasse » mais de « vieille conne ».
- On a une paire de ballerines de rechange dans notre sac (on ne tient plus une soirée en talons).
- On fantasme plus sur un kiné que sur un chanteur de rock.
- Avant de craquer pour une robe, on se demande si elle couvre suffisamment nos bras.
- Passé 23 heures, on ne pense qu'à notre lit, et ce n'est plus nous qui regardons la télé mais la télé qui nous regarde.
- On compte le nombre de pas qu'on fait par jour… et souvent on se dit : « Tiens, j'étais moins fatiguée hier. »
- Le dentiste pourrait être notre fils (même si on se rassure : « Je l'aurais eu très jeune quand même »).
- Après chaque mammographie normale, on se dit que décidément la vie est magnifique.

Si vous avez coché plus de trois items dans cette liste, ça y est, vous êtes vieille…

Mais ne soyez pas déçue, il y a un pendant positif à cette litanie d'emmerdes…

**Liste toujours non exhaustive (heureusement)
de tout ce que l'on va enfin pouvoir faire
à partir de la cinquantaine**

- Ne pas connaître les noms des stars d'Instagram ET s'en foutre complètement (et se foutre d'Instagram, tout simplement).
- Pouvoir enfin répondre : « Ça n'avait le goût de rien et en plus c'est hors de prix ! » au serveur qui nous demande mécaniquement si ça nous a plu.
- Refuser de faire tout ce que l'on a toujours détesté faire. Comme les repas de Noël. On en a organisé vingt-huit en vingt-huit ans ! On décide que désormais, c'est aux autres de s'y coller... et d'ouvrir quatorze douzaines d'huîtres, soit 168 (j'ai fait le compte).
- Ne plus prêter ses livres car on sait qu'on ne les reverra jamais.
- Se foutre de la mode de la rentrée (parfois aller jusqu'à se foutre de la mode tout court).
- Dire à son banquier : « Je vous ai filé tout mon fric pendant quarante ans, vous pourriez me parler poliment quand je vous demande un renseignement. »
- Dire à son mari : « Ça fait trente ans que je trie ton blanc et tes couleurs, aujourd'hui tu vas apprendre à lancer une machine ! »
- Dire à toute sa famille : « Je vous adore mais, cet été, je n'ai pas envie de passer mon temps à faire les courses et la cuisine. »
- Dire à une copine écolo intégriste qui nous regarde

toujours de haut parce que vous avez une voiture que non, ce soir vous ne la raccompagnerez pas chez elle.
- Dire à un dîner qu'on ne s'est jamais autant barbé qu'en regardant *Habemus papam* et que non, on ne coupe pas la radio quand passe une chanson de Sardou. On chante, même.

Bref, à la cinquantaine, une fois l'état des lieux digéré (la période ne doit pas s'éterniser, sinon ça ne s'appelle plus «crise» mais «dépression de la cinquantaine»), c'est la découverte d'une nouvelle dynamique. Un moment où l'on ne se sent plus vraiment jeune mais pas encore vieille. Car la nouvelle quinqua sait :

1. qu'elle a encore pas mal d'années devant elle et que, même si elle ne remportera plus Roland-Garros, elle a encore deux, trois trucs vraiment pas mal à vivre;

2. qu'elle n'a plus rien à prouver à personne. Pas même à elle-même. Et ça change tout.

Premières de cordée

Les nouvelles vieilles appartiennent à une génération «pivot», elles sont le pilier responsable de toute une lignée : parents qui vieillissent, enfants (parfois au chômage) qui reviennent vivre à la maison et petits-enfants dont il faut s'occuper.

2

Merci la science…

Vous vous souvenez des obsessions de votre adolescence ? Un simple bouton d'acné pouvait vous désespérer au point de vous faire décréter que votre vie entière était un désastre…

Aujourd'hui, vous échangeriez bien dix-sept furoncles contre un seul de vos bobos, non ? Et ce n'est pas le choix qui manque. Allez, faisons la liste ensemble.

Il y a les maux plus ou moins petits, comme la vue qui baisse, la cornée qui se floute, l'ouïe qui s'expatrie, la hanche qui se déboîte, les articulations qui gonflent, la vessie qui se la joue perso, la ménopause qui s'installe[1]. Il y a les maux plus graves, comme les cancers du sein (et d'ailleurs), le

---

1. Même si on aurait plus tendance à demander son avis à sa meilleure copine, à une collègue de bureau, à sa coiffeuse ou à une blogueuse plutôt qu'à son médecin, je suis allée poser quelques questions précises à un gynécologue de renom, médecin d'expérience. Parce que, oui, en 2021, il y a encore un gros tabou autour des mystères de la ménopause. Vous trouverez toutes les réponses du Dr David Elia, gynécologue et obstétricien, en annexe.

diabète, la tension, les problèmes cardiaques, les dépressions. (Liste non exhaustive, évidemment, sinon c'est pas drôle.)

Vous connaissez tout ça par cœur, vous vivez sûrement plusieurs de ces désagréments (la totalité, ce serait pas de bol quand même). C'est comme ça, inutile donc de se lamenter, ça ne changera rien.

Au contraire même, il y a de quoi se réjouir.

Rappelez-vous votre mémé Mireille quand vous étiez petite… Avec sa blouse à fleurs, ses lunettes à triple foyer, sa canne et sa démarche de pingouin, sa montre perdue dans les plis de son poignet et ses bas de contention couleur chair qui plissaient sur ses grosses jambes… Ça revient ? Elle vous paraissait presque fossilisée… Et pourtant elle avait l'âge que vous avez aujourd'hui (à peu près).

Nous sommes bien d'accord : vous ne ressemblez pas (même de loin) à mémé Mireille ! Parce que vous vous entretenez, bien sûr, mais pas que. Vous le devez surtout aux progrès de la science. C'est pourquoi il y a de quoi se réjouir. Aujourd'hui, les évolutions médicales permettent de soigner tout un tas de désagréments. La nouvelle vieille est devenue réparable ! Prothèse de hanche (du genou, de l'épaule), guérison de cancers, opération de la cataracte, implants dentaires, antidépresseurs, traitements pour le cœur… et la liste est encore longue. C'est ainsi que, en un siècle, non seulement l'espérance de vie a pratiquement doublé mais en plus on vit en meilleure santé. Merci, donc, les progrès scientifiques.

En revanche, dans le domaine des mentalités, il y a encore quelques progrès à faire… On parle ici de tabous, d'a priori, de clichés qui sont encore dans beaucoup de têtes (la vôtre, peut-être). Et ces tabous concernent quatre désagréments que je vais m'empresser de détailler pour mieux les dézinguer.

L'audition

Bizarre comme les problèmes auditifs n'ont pas la même presse que la vue qui baisse. Les lunettes pour voir de près, dès la cinquantaine, on les sort sans problème. Mais l'appareil dans l'oreille pour mieux entendre, là, c'est non ! On peut dire : «Je n'arrive pas à lire les petites lettres», mais certainement pas : «Je n'entends plus bien au resto quand on est huit à table.» Impossible. C'est immédiatement estampillé «vieille», sauf que :
1. oui, vous n'avez plus 20/20 aux oreilles ;
2. vous faites encore plus vieille quand vous faites hurler la télé et faites répéter les gens.

Vous gonflez tout le monde à répondre systématiquement à côté, et n'allez pas imaginer que la technique qui consiste à faire croire qu'on a compris fonctionne. Résultat, vous allez vous sentir de plus en plus exclue et rancunière envers ce monde qui ne tient plus compte de vous. Et l'effet secondaire sera ravageur : enfermée dans votre bulle, votre cerveau tournera à vide, donc bien moins souvent et beaucoup moins bien. Ça y est, vous avez pris rendez-vous chez un prothésiste auditif ? (À partir de 60 ans, visite obligatoire chez l'ORL pour un état des lieux, comme chez l'ophtalmo.)

Les sécheresses vaginales

« Tu me tiens, je te tiens par la ménopause, le premier de nous deux qui rira aura une tapette. » Voilà, voilà, voilà… Nous y sommes. Que celles qui n'ont jamais souffert de sécheresse vaginale lèvent la main (et referment ce livre). C'est un effet secondaire de la ménopause dont on n'ose pas parler. Qui dit sécheresse dit pas de sexualité, voilà pourquoi. Celles qui peuvent prendre des hormones sont moins concernées (les œstrogènes et la progestérone permettant la lubrification). Quid des autres ?

1. Vous avez le droit d'être énervée par l'emploi du terme « sécheresse intime » pour éviter de dire « sécheresse vaginale ».

2. Pensez aux substituts, il existe des ovules et des crèmes. (Demandez-en à votre gynéco. Petit rappel : un bon gynéco est un médecin qui sait écouter et trouver des solutions adaptées à votre situation. Il doit vous prendre au sérieux et ne pas donner la même réponse à toutes ses patientes.) Il existe aussi des substituts à la pénétration. De plus, avec un peu de chance, votre partenaire a la prostate en berne et sera enchanté par votre créativité à caractère sexuel. C'est bien connu, c'est dans la contrainte qu'on se révèle le plus imaginatif.

La dépression

Votre serviteuse est la première à affirmer que, dans la vie, il faut se donner des coups de pied au cul pour avancer.

Si je suis une adepte du «quand on veut, on peut», j'adhère aussi, totalement, au «quand ça veut pas, ça peut pas». Je suis contre la souffrance et en faveur de tout ce qui atténue la douleur.

Il arrive qu'on ait le moral à zéro et qu'on n'y puisse rien. À l'heure où être bien dans sa peau et dans sa vie est devenu un diktat, une injonction, dire qu'on déprime fait tache et revient à dire qu'on a échoué. Sauf que se forcer à sourire peut être pire que tout. Les pires dépressions sont souvent celles qu'on enfouit, qu'on tait, dont on n'ose pas parler. Celles qu'on se cache à soi-même, aussi. C'est pas grave de déprimer et, surtout, ça se soigne. Essayez de faire le point avec vous-même. De savoir ce qui vous chagrine profondément... Que vos enfants soient partis? L'impression d'avoir tout raté? L'idée de finir votre vie avec ce type? Demandez-vous si c'est récent ou si ce sentiment a toujours été là. Et parlez-en à votre généraliste. Bref, ne vous dites pas que ça va passer tout seul. Vous avez besoin d'aide et, ça non plus, ce n'est ni honteux ni grave.

Les fuites urinaires

Il est très loin le temps où vous disiez : «Arrête de me faire rire, je vais faire pipi dans ma... Trop tard.» Depuis quelque temps, vous faites pipi (des petites gouttes mais quand même) dans votre culotte, inopinément (vous vous en apercevez une fois que c'est fait). Et à en croire les nombreuses pubs télé vantant les protections (on ne dit plus «couches») pour fuites urinaires, vous n'êtes pas toute seule. Cela dit, sachez que la fuite urinaire est à la vieille ce que les pruneaux sont au tajine : ça va bien ensemble mais on peut faire sans. Un périnée, ça se rééduque, et pas seulement après un accouchement. Ça marche aussi après un relâchement musculaire (vous faites bien de la gym pour vous muscler les cuisses…). Et ça s'opère aussi sans problème.

Ah oui, pour clore ce chapitre, un dernier conseil de taille : n'oubliez jamais qu'Internet n'a pas fait médecine… et que rien ne vaut le diagnostic d'un professionnel.

3

De l'importance
de faire mouliner son cerveau

Vous avez très certainement saisi l'enjeu de maintenir sa forme physique, vous avez d'ailleurs trente-six manuels sur le sujet (*Le Yoga sans faire le lotus* ou *Comment pratiquer la marche nordique quand on habite dans le Sud*), et à moins d'être neuneu vous savez que bouger fait du bien aux articulations (10 000 pas par jour, comme c'est rigolo), que le gras se loge non seulement dans les fesses mais aussi autour du cœur (pas bon). Bref, côté hygiène de vie, que vous vous y soyez mise ou non, vous êtes au courant de ce qu'il faut ou faudrait faire.

En revanche, côté cerveau, je ne suis pas sûre que tout le monde ait bien compris la nécessité de l'entretenir... et pas seulement avec des sudokus (même niveau 8).

Les neurones sont comme les muscles, ils fondent si on ne s'en sert pas. Lorsque vous vous mettez debout après être restée sans bouger plusieurs heures, vous grincez : « Ouh, je suis toute rouillée. »

Pour votre cerveau, c'est pareil, sauf que ça se voit moins (enfin, c'est ce que vous croyez). Voilà pourquoi se tenir au courant de ce qui se passe dans le monde (et en penser quelque chose), pratiquer des activités artistiques et intellectuelles (ce n'est pas un gros mot) est l'équivalent neuronal des abdos-fessiers et du stretching. Lecture, ciné, expos, jardinage, peinture, flûte traversière... Choisissez, ce ne sont pas les terrains de jeux qui manquent.

On se pousse au cul

Le fameux dicton « On n'a rien sans rien » est d'une vérité crasse (c'est pourtant une grande feignasse qui vous le dit). Faire fonctionner son cerveau implique évidemment une notion d'effort. Le plus dur étant de s'y mettre, après on y prend goût (exactement comme le sport). Et méfiez-vous de vos techniques d'évitement, l'argument « C'est trop tard, de toute façon je suis trop vieille » est archifaux et contreproductif car c'est précisément l'effort qui vous rendra moins vieille. Idem pour « J'ai pas le temps » alors que vous n'avez rien d'autre à faire. (Pour votre sudoku, vous le trouvez bien, le temps.)

On fait des mises à jour cérébrales

Votre cerveau a l'air de bien mouliner, certes, mais il reste souvent bloqué sur des considérations *d'avant*. Tenez-vous au courant des modes de vie, tendances, comportements d'aujourd'hui. Il ne s'agit pas de « jouer à la jeune » mais d'avoir conscience que le monde bouge. Et ce n'est pas parce que vous ne le comprenez pas que c'est nul :

rappelez-vous à quel point vos parents étaient des vieux cons… Pour ne pas devenir une vieille conne (vous le serez toujours forcément un peu pour les jeunes… cons), soyez vigilante sur les lacunes que vous avez par moments, les incompréhensions. Exemple concret : aujourd'hui, Internet est devenu le mode de rencontre le plus répandu (bien devant les dîners chez des amis, les bars, le lieu de travail – ici, si vous aviez pensé ajouter « les dancings » à la liste, faites attention, c'est signe que votre cerveau se fossilise).

On reste au fait des évolutions technologiques

Vous avez un profil Facebook, bravo, c'est bien. Encore faut-il que vous parveniez à consulter votre compte depuis votre mobile. C'est bête, mais savoir créer un groupe sur WhatsApp, envoyer une pièce jointe ou redémarrer la box sans demander à votre fils ou à votre voisin, c'est pratique, et pas que pour commander des espadrilles en ligne ou vérifier l'âge de Catherine Deneuve. C'est également utile pour s'informer et se cultiver. C'est même le but.

On voit grand

Que vous aimiez le jardinage, la peinture sur soie ou les théories du trou noir, ne vous contentez pas de survoler le sujet, creusez-le à fond. Plus vous en saurez, plus vous savourerez. N'oubliez jamais cette phrase du dalaï-lama (à moins qu'elle soit de Rocco Siffredi) : « Le plaisir vient de la joie de découvrir. Et il y a toujours quelque chose à apprendre. » Allez, faites-vous plaiz' (= profiter du temps présent en langage 2.0). Et n'oubliez pas de vous féliciter de votre connaissance des trous noirs ou de votre maîtrise des techniques de vernissage de poterie. L'autovalorisation est à la nouvelle vieille ce que la verrine est à la cuisine d'aujourd'hui (un truc dont on ne peut plus se passer).

On a des envies...

... donc des projets plein la tête. Du plus insignifiant (repeindre les murs de la chambre en bleu grec) au plus démesuré (faire du paddle sur une île japonaise). Et tant pis s'ils ne se réalisent pas (du moins pas tous). L'important, c'est de se mobiliser. Et dès qu'un projet tombe à l'eau, remplacez-le vite par un autre. Le projet est à la nouvelle vieille ce que la graine de courge est aux véganes (une condition du bonheur).

4

L'angoisse du mari
(tout le temps) à la maison

On parle bien sûr du conjoint longue durée qui est à vos côtés depuis des lustres. Avec lui, vous avez fait des enfants, des cancers, des coups de canif dans le contrat, des excursions en Laponie… Vous n'avez plus de secrets l'un pour l'autre et vous vous aimez (en tout cas, vous ne vous détestez pas).

Aujourd'hui, les enfants ont quitté la maison, l'un de vous ou vous deux êtes à la retraite, et vous voilà en tête à tête avec lui. C'est ce qu'on appelle, dans un scénario, une formidable situation de crise, c'est-à-dire un moment charnière dans la vie des personnages, où tout peut basculer.

Il est rare (mais possible) que cette cohabitation vingt-quatre heures sur vingt-quatre soit une perspective réjouissante. Dans la plupart des cas, elle est vécue comme un cauchemar. D'ailleurs, c'est certainement pour cette raison que la nouvelle vieille se prend parfois à rêver qu'elle dézingue son bien-aimé à coups de pelle. Inutile de culpabiliser au réveil, tout est normal. Reste que l'exaspération peut varier en fonction du mari. Car, s'il y a des nouvelles vieilles, il y a aussi des nouveaux vieux. Et s'ils sont moins actifs que les femmes, les hommes bougent un peu quand même. Ainsi, vous pouvez vous retrouver en tête à tête avec un mari nouvelle formule.

Le cadre supérieur fraîchement retraité

Celui-là, on le mettrait bien dans un film, il ferait pleurer de rire tant il est déconnecté de la vraie vie. Le problème est justement que vous, vous l'avez dans la vôtre, de vie, et qu'elle est bien réelle. Pendant des années, il a géré et managé des équipes entières, et du jour au lendemain il n'a plus personne à diriger. Souci : il continue sur sa lancée. Les habitudes ont la vie dure. Vous êtes désormais la seule personne en face de lui, c'est donc à vous qu'il donne des ordres. Il vous parle comme si vous étiez son assistante et vous dit sur un ton ferme ce qu'il attend de vous : « Penser à réserver des places de train. Merci », « Désolé, je n'ai pas le temps. On verra ça plus tard. Merci. » Il est à deux doigts de vous demander de classer les factures du plombier dans un parapheur et de prévoir son jour de signature. Complètement maboule, le petit patron qui n'a plus de pouvoir. Il est perdu, un peu comme un gondolier sans gondole. Comprendre ne voulant pas dire accepter, envoyez-le bouler à coups de « Non mais à qui tu crois parler, là ?! », puis éventuellement, si le cœur vous en dit, de tonitruants : « Et meeeeeerde ! »

Le bricoleur très méticuleux

Celui-ci n'est pas très innovant dans son comportement mais plutôt dans son domaine d'obsession, pardon : de compétence. Dans les générations précédentes, le talent du bricoleur se limitait exclusivement à la conception d'étagères, à la réparation de lampes et à la fabrication de maquettes d'avions (oui, le bricoleur peut aussi être collectionneur). Aujourd'hui, il donne aussi (n'ayant pas lâché ses précédents terrains) dans l'informatique, les panneaux solaires, les verrières atelier… et s'y consacre dix heures par jour. Il pense bricolage, il mange bricolage, il dort bricolage. Certaines de vos copines ou voisines sont ravies et en font un usage intensif, que ce soit pour régler les différends qu'elles rencontrent avec leur ordinateur ou pour changer le disque de la tondeuse. L'inconvénient logique, outre le fait qu'il ait annexé le garage pour en faire son atelier (aussi organisé qu'un meuble à tiroirs de pharmacien), c'est que le bricoleur jusqu'au-boutiste se révèle difficile à distraire. Posez-le sur une plage, dans une expo, dans une salle de cinéma ou même au sommet du mont Blanc, il se demandera ce qu'il fait là, alors qu'une réparation l'attend dans le garage. L'avantage (toujours savoir positiver), c'est que vous bénéficiez d'un intérieur impeccable et que tout est réparé en moins de deux. Et ça, ça vaut de l'or.

Le néo-grand-père

Celui-là n'existait pratiquement pas auparavant. Ce n'est pas qu'il ait lu Pernoud, *J'élève mon enfant*, c'est qu'il aurait pu l'écrire. À cette différence (de taille) près qu'il ne s'agit pas de ses enfants mais de ses petits-enfants. Pour résumer, il est bien meilleur grand-père qu'il n'a été père. Là où il répondait « Demande à maman » ou « Je n'ai pas le temps », il affirme désormais « Non, pas ces petits pots, ils sont bourrés d'additifs » (vous ne saviez même pas qu'il connaissait le terme). Il se met à quatre pattes pour servir de double poney aux petits. Il n'échangerait pour rien au monde sa place devant sept épisodes (d'affilée) de *L'Âne Trotro* sur le canapé avec ses petits-enfants. L'avantage : vous vivez avec Mrs Doubtfire, ce qui vous laisse le temps de vous vernir les ongles. L'inconvénient : vous couchez avec Mrs Doubtfire.

L'éternel hypocondriaque

À 38 ans, il était déjà complètement flippé dès qu'il avait 37,7 °C (et pourtant incapable de prendre rendez-vous chez le médecin). Avec l'âge, on s'imagine bien que ça ne s'arrange pas. Ses douleurs aux hanches, genoux, intestins sont un programme à plein temps, sans évoquer sa prostate, dont d'ailleurs on ne peut pas parler puisqu'il en a si peur. Vu les progrès de la médecine et les campagnes d'information, on pouvait espérer l'avènement d'un « nouveau vieux », mais non, celui-ci reste un vieux et fait l'autruche... Il soupire à longueur de journée et vous martèle, dès qu'il entend parler d'AVC, le fameux « S'il m'arrive quelque chose… » (tout en se resservant du saucisson et deux bières). Mettez les points sur les i, celui de cercueil par exemple, qui nous attend tous. Dites-lui que 1/ « quelque chose », ça se dit « mort » en langage normal, et que 2/ s'il a mal quelque part (et s'en plaint à tout bout de champ), c'est que justement il n'est pas mort. Obligez-le à lire la chronique nécrologique de votre journal préféré, rien que pour qu'il puisse vérifier qu'il y a plus mort que lui. Gonflant comme pas deux, l'hypocondriaque !

L'accro au boulot

Rien de nouveau sous le soleil. Concerne surtout ceux qui ont exercé en indépendant ou en libéral. De l'artisan commerçant au patron de sa propre entreprise. Il a travaillé toute sa vie sans compter ses heures et a réussi à la sueur de son front. Après des années de tractations et de réflexion, il a fini par revendre une partie des parts de sa société de plomberie, de sa boîte de com ou de son cabinet médical. Il reste pourtant persuadé que sans lui l'affaire ne peut pas tourner. Il continue donc à aller au boulot, où il dispense ses conseils (qui sentent un peu l'ancien monde) et emmerde tout le monde.

S'il a laissé un ou plusieurs de ses enfants « reprendre » sa boîte, il va lui être difficile de laisser la place. Il faudra exercer vos talents de diplomate pour ne pas prendre parti.

Si vous avez la paix la plupart du temps, son fake job rend cependant difficile tout projet à long terme de vacances et de week-end : «J'aurais aimé, chérie, mais je ne suis pas sûr de pouvoir avec le boulot.» Ou comment créer des contraintes là où il n'y en a pas.

Le militant ou, en version moderne, le bénévole

Une âme généreuse et dévouée (ce qui vous a été bien utile). À temps complet, on apprécie moins le déploiement de sa valeur morale. Certes, il peut choisir de recueillir des signatures au bas d'une pétition pour l'augmentation du nombre de poubelles jaunes, ce qui vous rend fière, ou bien distribuer, sur le marché en plein hiver, des journaux prônant l'entraide et la décroissance (que d'autres ont écrit au chaud), voire servir la soupe à des gens très gentils et très démunis… C'est vrai, il œuvre pour le bonheur de tout le monde, mais a-t-il seulement pensé au vôtre, en particulier quand votre moral n'est pas au beau fixe ?

Le passif qui déprime

Là non plus, pas de grande nouveauté. Le Mou ascendant Dépressif est un spécimen assez répandu depuis des lustres. Le coup classique du fraîchement retraité qui se sent complètement dépossédé et dévalorisé depuis qu'il ne bosse plus. Il peut passer des heures à ne rien faire. Ah si, un changement : il peut passer ces heures à jouer au poker en ligne (ou, au mieux, à la réussite). Ne s'intéressant à rien (donc pas à vous non plus), il attend que ça se passe (la mort ?) en broyant du noir assis sur son canapé. Ses

«Ouais, comme tu veux» et «Et puis non, à quoi bon?!» déprimeraient Dora l'exploratrice à un pique-nique un jour de printemps. Mais le bon côté de la chose, c'est que ce boulet sans projet est mobilisable, donc récupérable, et fort malléable. Il faut juste que vous vous occupiez de l'animation.

De toute façon, quel que soit le profil de votre mari, c'est vous l'animatrice du couple.

Mode d'emploi
pour une remise à niveau du mari

En préambule, je souhaiterais vérifier que nous sommes bien d'accord quant aux capacités proactives du mari. Non seulement un mari n'est en général pas moteur (il peut avoir un début d'idée de projet mais ne passera jamais tout seul à la mise en pratique), mais surtout, ça a été prouvé, il n'a aucun talent divinatoire ni télépathique. Exemple : vous avez beau penser très fort *Vide le lave-vaisselle, chéri. Vide le lave-vaisselle, chéri*, ça n'est jamais suivi d'effet. Cette mise au point étant faite, voici ma petite méthodologie pour faire une mise à jour de votre mari. Quitte à manifester une autorité intempestive, en déclarant dès le petit déj : « C'est quoi le programme aujourd'hui ? »

Étape 1 : Acceptez pleinement votre mission

Vous le savez, le rôle d'animatrice demande de l'énergie, de la bonne humeur et de la ténacité dans vos projets et idées. Donc pour bouger, motiver ou reprogrammer votre moitié, vous allez devoir assurer l'organisation et la mise en place du mouvement (sinon rien ne se passera, comme vous avez déjà certainement pu l'expérimenter).

Ne sachant pas si vous êtes plutôt mer ou montagne, trekking ou croisière, décroissance ou recyclage, je suis dans l'impossibilité de vous proposer une liste de projets adaptés à vos envies et besoins. En revanche, je ne peux que vous conseiller d'y aller gaiement sur les sorties culture (attention avec le théâtre : une soirée pourrie où il n'a pas pu caser ses jambes à cause du fauteuil de devant et vous perdez tout votre capital animatrice), les anniversaires des enfants, de mariage, les barbecues avec les voisins, les retrouvailles avec ses copains de lycée.

Étape 2 : Appâtez-le

Si vous avez un gros projet, amenez-le en douceur, progressivement. Par exemple, ce soir à table, ne lui dites pas : « Et si on allait en Islande ? » mais : « Il y a un super film au ciné en ce moment. C'est un polar dans le milieu des chiens de traîneau. Allez, on y va. » Y aller lentement vaut mieux que de le braquer illico.

Étape 3 : Posez des interdits

Soyez vigilante sur certaines limites qui, une fois dépassées, ne présagent rien de bon, tel le bas de survêt distendu que votre mari ne met plus seulement le dimanche mais pratiquement tous les jours de la semaine (d'une tristesse totale). C'est pourquoi vous devez refuser catégoriquement :

- le jogging tout lâche ;
- le pantacourt (même sur un jeune c'est moche) ;
- les baskets blanches (il n'y a que sur un jeune que c'est beau) ;

- la chemisette beige (qui a été blanche);
- le whisky avant 18 heures;
- les longs poils sur et dans les oreilles (il y a des ciseaux spéciaux);
- les ronflements (mais c'est un autre sujet).

Étape 4 : Motivez-le

Un vieux mari, en fait, ressemble beaucoup à un ado (la poussée hormonale en moins) : il ne voit pas en quoi c'est un problème de rester vautré dans le canapé devant la télé (allumée ou pas). À vous d'être inventive et créative pour qu'il participe à la vie de famille (n'allez pas jusqu'à lui proposer de l'argent). Mais piochez dans cette petite liste non exhaustive d'activités requinquantes :

- remplir les mots fléchés en couple (un mot chacun à tour de rôle);
- animer les soirées télé : le premier qui trouve le nom de la personne à l'écran a gagné («Ah, je l'ai sur le bout de la langue...»);
- revisiter le passé. Écrivez, chacun de votre côté, un souvenir commun vieux de plusieurs années (ou récent, mais c'est moins drôle) et comparez les textes («N'importe quoi! Ça ne s'est pas du tout passé comme ça!»);
- faire appel à son savoir par le biais de vos petits-enfants. Quel que soit son domaine de prédilection, ses dadas, ses souvenirs, son enfance... il va devenir le conteur de la vie de la famille. (Prévoyez un certain nombre d'épisodes.)

Relativisez

D'accord, vous en avez ras le bol de jouer les hôtesses d'accueil dans votre propre maison et vous vous prenez parfois à rêver à tout ce que vous pourriez faire si vous étiez peinarde (= sans lui). Ne fantasmez pas trop à l'idée de retrouver une vie de jeune fille (ne serait-ce que parce que vous n'êtes plus une jeune fille). Il a plein de défauts, certes, mais il a au moins la qualité d'être là. Blague à part, si vraiment votre mariage est invivable, fuyez, votre vie n'est pas finie.

TEST
Votre mari est-il récupérable ?

Certains conjoints sont plus faciles à remettre à niveau que d'autres. Pour savoir où se situe le vôtre, faites le test.

1. Le premier adjectif qui vous vient à l'esprit pour le définir :
   A. Mou
   B. Moche
   C. Drôle

2. De quand date votre dernière engueulade :
   A. Moins de deux jours, il a encore perdu ses clés
   B. Pour ça il faudrait que vous vous parliez encore
   C. Moins d'un mois, vous avez encore perdu vos clés

3. Avec lui, vous faites :
   A. Des voyages
   B. Chambre à part
   C. Des mots croisés

4. Il s'habille :
   A. Comme vous lui dites
   B. Mal
   C. Pas tous les jours

5. Après toutes ces années, il a perdu :
   A. Son sex-appeal
   B. Son humour
   C. Ses cheveux

6. En voyage…
   A. C'est une présence
   B. C'est un boulet
   C. C'est le Guide bleu
7. Il mange…
   A. Trop
   B. La bouche ouverte
   C. Avec plaisir
8. Il vous dit souvent :
   A. « Il est quelle heure ? »
   B. « Comme tu veux, ça m'est égal. »
   C. « Je t'aime. »
9. Lors d'un dîner entre amis :
   A. Quel dîner ? Il avait oublié
   B. Il s'engueule politique dès l'apéro
   C. Il a préparé le repas
10. En vieillissant, il ressemble à :
    A. Son père
    B. Sa mère
    C. Marcello Mastroianni

Résultats

Majorité de A

Votre mari a encore du potentiel.

La bonne nouvelle, c'est qu'il est partant. La moins bonne, c'est que vous parfois moins. Ce qui est plus que compréhensible puisque le rebooster représente pratiquement un plein-temps pour vous («Oui, Jean-Pierre, j'ai encore pris des places de théâtre»; «Non, Jean-Pierre, tu ne peux pas y aller avec ton oreiller»). Mais ça vaut le coup, car votre mari est un chic type qui, bien stimulé, peut encore vous faire bon usage.

Majorité de B
Votre mari est en voie de fossilisation.

La question est moins de savoir s'il est récupérable que de se demander s'il a un jour été neuf. Quand vous l'avez rencontré, il mangeait la bouche ouverte et ça vous énervait déjà. Votre mari est un boulet incurable. Soit vous le quittez, soit vous faites avec.

Majorité de C
Votre mari n'est pas récupérable : il est comme neuf.

Vous avez répondu aux questions sincèrement, sans tricher? Si oui, vous avez un mari parfait. Il n'y a rien à jeter. Vous avez un modèle rare et vous le savez certainement, mais c'est toujours bon de se le rappeler (au cas où il se demanderait si vous êtes récupérable).

5

Ce qu'il faut savoir sur le divorce et le remariage (avant de se lancer…)

Je me lève et je pars

Question : face à une vie de couple qui ne lui convient plus du tout (ou face à un adultère longue durée de la part du conjoint), que fait la nouvelle vieille que ne faisait pas l'ancienne ? Réponse : elle se barre ! Oui, la nouvelle vieille est une femme forte et surtout plus indépendante (financièrement) que son aînée. Elle ne veut plus subir et être prise pour une potiche. Quand son couple n'est plus qu'un ramassis de compromis, elle n'a pas peur de quitter le nid conjugal pour partir à l'assaut d'une vie comme elle l'entend. Voilà pourquoi le taux de divorce après trente-cinq ans de mariage a été quasiment multiplié par deux en dix ans et par neuf en quarante ans (une demande de divorce sur trois des plus de 50 ans survient après les fêtes de fin d'année = « Oh non ! Il m'a encore offert une friteuse ! »).

Avec l'allongement de la durée de vie, il reste un bon paquet d'années pour s'éclater, et à la nouvelle vieille, une nouvelle existence de rêve. Petite mise en garde tout de même, dans « rêve » il y a « rêve ». Entre le fantasme et la réalité de la vie une fois le divorce prononcé, il se peut qu'il y ait quelques surprises (pas bonnes). Des choses auxquelles on ne s'attendait pas. Côté budget déjà, c'est beaucoup plus compliqué seule qu'à deux. Alerte pour une demande de crédit à la banque : plus de 50 ans et seule, on part plutôt sur un refus.

Comme aurait pu le dire Confucius : « Être seule, la nouvelle vieille voulait, mais être très souvent seule, la nouvelle vieille va expérimenter. » Et comme le dit Corinne, 54 ans : « Le couple, même bancal, est souvent une protection. »

Le divorce, c'est par ailleurs la formidable possibilité de vivre une deuxième vie. Et pourquoi pas un deuxième mariage ?

Ils se remarièrent et vécurent heureux

Le remariage est à la vie à deux ce que le produit fini est au prototype. Un truc plus abouti et fiable qui casse beaucoup moins vite. Le premier mariage a permis de se faire les dents, de voir ce qui coinçait. En clair, on ne refait pas les mêmes conneries. C'est bien pour ça qu'on ne refait pas sa vie, on la continue en s'évitant des emmerdes. C'est ce qu'on appelle l'expérience. Et l'expérience dans le remariage, c'est tout bête : on a seulement moins d'attentes. On a pu constater avec le premier mari que tout miser sur le même cheval et tout attendre de lui fait foirer le résultat des courses. On sait que celui-là ne fera pas tout notre bonheur. Un exemple au hasard : lors des conflits avec les enfants ou les parents du mari n° 2, on n'espère plus qu'il prenne parti pour nous, on a compris qu'un homme en était incapable...

Et lui aussi arrive avec son passé. Avec un peu de chance, entre les deux mariages, il a vécu seul et sait fonctionner en mode autonome. Il sait trouver le chemin de la cuisine sans utiliser Waze. Ce qui peut d'ailleurs surprendre au début, notamment quand c'est lui qui dit, très sérieusement : « T'as du linge ? Je fais une machine. »

Mais c'est aussi le passé qui peut poser problème. Deux problèmes, en fait.

L'appartement et les enfants

Vous avez chacun votre maison, et si la question de vivre ensemble se pose, le tout est de savoir où. Chez lui, vous ne vous sentirez jamais chez vous. Tout vous rappelle sa vie d'avant. Le sommier et le papier peint, ça se change, mais pas les murs. Sans compter que c'est très difficile de lui suggérer de refaire toute la déco (à ses frais, c'est chez lui après tout). Chez vous, d'accord, mais à condition de ne pas trop envahir le terrain. Et prendre un appartement ensemble, c'est cher et très risqué par les temps qui courent (oui, au deuxième mariage, on sait qu'on peut rompre).

Autre problème : vos enfants respectifs, qui prennent une place prépondérante dans chacune de vos vies. Un des rituels désormais, ce n'est pas la présentation du nouvel amoureux à ses parents, mais à ses enfants.

Les vôtres sont formidables et il n'a pas intérêt à dire

quoi que ce soit sur eux. En revanche, vous ne savez pas bien pourquoi mais les siens vous agacent. Enfin, c'est plus le fait qu'il ne dise rien à ses enfants qui vous énerve. Pas grand-chose à faire ni à dire, le deuxième mariage est certes souvent meilleur mais le nouveau mari reste un homme (qui n'aime pas les conflits et ne prend jamais parti).

6

Quand la nouvelle vieille veut (re)trouver un mari

(un amoureux, un mec, un compagnon…)

Que celles qui ont un mari et qui le quitteraient volontiers lisent ce chapitre avant de rompre. Quant aux célibataires, sachez que j'ai conscience de l'étendue de vos attentes. C'est pourquoi je serai honnête dès ces premières lignes : je ne vais pas vous trouver un prince charmant. En revanche, je peux vous donner quelques pistes qui devraient vous permettre d'y voir un peu plus clair.

Postulat de départ

1. Vous êtes convaincue qu'il vaut mieux vivre seule que mal accompagnée, mais vous savez aussi que le partage et la complicité apportent quand même un très gros plus dans la vie.

2. Vous avez deux yeux, deux jambes, un nez au bon endroit, vous savez qu'il faut mettre l'eau avant les pâtes pour les faire cuire et vous payez votre appartement toute seule. Bref, vous n'êtes pas un boulet incassable.

3. Vous savez ce que vous voulez, ou plutôt ce que vous

ne voulez plus : une relation morne et sans vie, soit un homme incapable de faire la différence entre sa femme et la télé (au bénéfice de sa femme, évidemment).

Jusque-là vous êtes très représentative des nouvelles vieilles. Non pas parce que vous êtes sans mari (ça a toujours existé), mais parce que vous ne voulez plus le rester et espérez enfin rencontrer un compagnon.

Postulat d'arrivée

Vous ne le trouvez pas. Et pourtant ce n'est pas faute d'avoir cherché. Ce qui vous fait régulièrement penser : où sont-ils passés, les divorcés, les veufs et même ceux qui avaient envie de construire un couple ?

Vous avez d'emblée éliminé de la course les maris de vos copines. Pour ne pas perdre vos copines mais surtout parce que vous n'en voudriez pas (de leurs maris).

Dans votre milieu professionnel, vous avez fait l'état des lieux du stock : un vrai désert peuplé de mirages... Vous avez déjà testé et ça n'a pas marché. Et côté nouveaux arrivages, ils sont mariés, amoureux ou en couple et, s'ils ne le sont pas, ils se savent très demandés et la concurrence est rude...

Dans les dîners (quand on vous invite encore... car, allez comprendre pourquoi, mais il semblerait que le statut de célibataire soit incompatible avec le dîner assis), c'est très rare que vous croisiez des têtes que vous ne connaissez pas.

Toutes les semaines, vous ouvrez l'œil dans votre club de bridge ou de gym. Malheureusement, rien en vue.

Et si vous êtes une adepte du dancing hebdomadaire, vous avez constaté qu'il y a un homme pour quatre femmes, ce qui explique que vous vous retrouviez régulièrement à tenir le rythme du fox-trot dans les bras d'une danseuse.

Dans les bars, dès que vous balayez du regard les tables environnantes pour voir qui pourrait vous être destiné, soit vous ne voyez que leurs défauts (trop de dents, pas assez de cheveux, ou l'inverse), soit vous avez la sensation d'être invisible.

En boîte, vous n'y allez plus (et vous faites bien).

Les sites de rencontres

Bonne nouvelle : le site de rencontres est désormais à l'amour ce que la paella est à l'Espagne. Indissociable. Mais mauvaise nouvelle : le site de rencontres est désormais à l'amour ce que la paella est à l'Espagne. Parfois décevant. Forte de cette information, vous devez impérativement aborder l'inscription sur ces sites en vous préparant à la déception. En sachant que la probabilité de tomber sur des canards boiteux est élevée. En clair, allez-y dans l'espoir de trouver mais sans rien attendre. Un concept compliqué mais possible.

Petite méthodologie pour minimiser la casse et éviter la déprime post-rencontre : être bien au clair avec le décalage entre ce que vous espérez et ce que vous pouvez obtenir. Certainement, comme 63 % des femmes célibataires de plus de 50 ans, vous croyez (encore) au grand amour. C'est très bien, bravo. Mais sur ces sites, misez plutôt pour commencer sur une rencontre sympathique, ce qui est déjà pas mal. Le reste viendra peut-être après, ou pas. Méditez la question : peut-on tomber amoureuse à plus de 50 ans comme à 25 ? La réponse vous appartient, mais le simple fait d'y réfléchir permet de renouer avec la réalité. Souvenez-vous aussi du bon sens de Coluche : « Mesdames, si vous voulez un homme beau, riche et intelligent, un conseil, prenez-en trois ! » (Ça marche aussi si vous rêvez d'un homme qui a encore ses dents, sa prostate et ses cheveux…) Et n'oubliez pas que les hommes ont eux aussi leurs critères. Un petit exemple vraiment au hasard. D'après une enquête sur les sites de rencontres, plus les hommes avancent en âge, plus ils contactent des femmes jeunes. Il est donc probable que les hommes qui arrêtent brusquement et sans explication les échanges de messages aient trouvé une femme plus jeune. Ou une plus « conciliante », car attendez-vous à ce qu'un nombre certain d'hommes vous annoncent de façon assez triviale le pourquoi de leur présence sur ces sites et applis (= « une fellation et au lit » – sans vous…!).

Pensez à soigner votre annonce. Faites simple, sincère et un brin original. Vous n'imaginez pas le nombre de femmes inscrites sur ces sites qui disent vouloir « une épaule » (alors qu'il suffirait d'aller chez le boucher), aller danser ou faire un tour de moto (il y a des concessionnaires pour ça). Et soyez aussi vigilante, méfiez-vous d'un beau brun qui tombe très vite fou amoureux de vous mais qui a rapidement des problèmes d'argent (derrière Cricri37 se cache en fait Pablo Escobar et ses dents en or. L'arnaque sentimentale sur Internet rapporte chaque année 150 millions d'euros aux escrocs).

Mais ne désespérez pas non plus. 40 % des célibataires de plus de 50 ans utilisent ces sites. Sur le nombre, il y a forcément des hommes bien, donc pour vous (un seul suffit).

Le modèle du mec plus jeune

Le phénomène du « mec plus jeune » mérite que l'on s'y attarde un petit instant. On a parfois l'impression, au fil des dîners en ville, des films ou des histoires dans les magazines – pour plagier un célèbre publicitaire –, que si à 50 ans on ne vit pas une passion avec un homme plus jeune, c'est qu'on a raté sa vie.

Or, le jeunot n'est ni un trophée qu'on exhibe, ni un aboutissement, et encore moins une obligation. C'est seulement une évolution des mentalités et un juste retour des choses.

Là où personne ne trouve rien à redire qu'un homme de 55 ans soit accompagné d'une jeunette de 28, il semble enfin acquis – ou en passe de rentrer dans les mœurs – qu'une femme puisse être en couple avec un amoureux de dix ou quinze ans son cadet. Preuve de cette évolution : l'utilisation de l'horrible mot « cougar » n'a plus la cote (sans parler du terme « gigolo », qui est carrément aux oubliettes).

Bienvenue chez la nouvelle vieille qui croit à la vie après la ménopause. Et qui ne se prive pas de fricoter et d'aimer un partenaire plus jeune si l'occasion se présente.

Voilà pour la théorie, passons maintenant à la pratique, si vous le voulez bien.

Dans la vraie vie, la relation avec un mec plus jeune est un peu ce que le tabasco est au chili con carne, un agrément certain mais pas sans risque.

Deux bénéfices majeurs au mec plus jeune

1. Un vrai bain de jouvence (et pas uniquement parce qu'il a encore des cheveux et une prostate). C'est la garantie d'une remise à niveau, une véritable connexion avec le monde ambiant – vocabulaire, chanteurs, acteurs, films, restos… –, bref, avec tout ce qui bouge et que vous ne voyez plus bouger toute seule (Spotify, François Civil, Deliveroo, Lyf Pay… vous voyez l'idée?).

2. Une valeur sûre. Il sait que vous n'êtes pas une première main et n'est pas gêné par la différence d'âge. Ce qui est plutôt le signe d'un homme très sûr de sa virilité qui n'a pas besoin de rassurer son désir au contact d'un corps tout neuf. Je tiens à préciser que ce modèle ne court pas les rues, mais il existe. En revanche, méfiance sur le modèle qui cherche une maman (moins bien à l'usage). Un indice pour le repérer : il vous a déjà dit «T'as pas des Chocapic?».

Un risque majeur

Votre angoisse de la différence d'âge. Le couple avec un plus jeune s'adresse aux nouvelles vieilles de tempérament peu inquiet et en tout cas pas jalouses (sinon souffrance assurée). Exemples? Entrer au bras d'un plus jeune dans un resto, c'est être persuadée que tout le monde autour de vous lance des paris sur votre année de naissance. Affronter la présentation à ses copains et copines, c'est se sentir d'un coup très vieille (non, n'insistez pas, ils ne connaissent pas Jean Ferrat ni Bulle Ogier).

La bonne nouvelle, c'est qu'avec le temps les deux âges vont faire chemin l'un vers l'autre et finiront par se rejoindre. Et il n'existe aucune baguette magique sur le marché pour vous l'interdire ni pour vous en garantir le succès.

Décodage de petites annonces sur les sites de rencontres

Doc75 : « Homme médecin, la petite soixantaine, a encore plein de choses à offrir à belle et jolie jeune femme. »
= La petite soixantaine depuis plus dix ans… Abruti ébloui par son statut et (donc) persuadé que les femmes de plus de 38 ans sont périmées. De toute façon, il ne vous répondra même pas.

Darkvador55 : « Après une histoire compliquée, je cherche une histoire sans prise de tête. »
= Ce type va vous bassiner avec son ex (et vous comparer à elle).

JeanMaurice83 : « Homme cherche femme pour faire un dernier bout de chemin. »
= 83, c'est son âge, pas le département. Au moins, il a le mérite d'être sincère. Idéal pour celles qui cherchent un poste de dame de compagnie.

Édouard456 : « D'après mes amis, j'aime la vie, je suis plutôt pas mal et assez drôle… à vous de voir. »
= Tête de con prétentieux qui, si ça se trouve, n'a même pas d'amis.

Épicurien627 : « La cinquantaine bien passée, je ne veux plus perdre ma vie à la gagner. Profitons du temps présent… ensemble. »
= Si vous ne savez pas quoi faire de votre argent, cet homme est pour vous. Au troisième rancard, il s'installe dans votre appart et vous demande dix euros pour son tabac à rouler (qu'il promet de vous rembourser, bien sûr).

Picasso28 : « J'aime les soirées entre amis, le cinéma, les expos, la marche nordique, la lecture, le yoga et rire avec celle qui me choisira. »
= Manque plus que son épaule réconfortante… Rien que pour vous marrer, répondez en parlant littérature.

Vivelavie297 : « Tu es naturelle, drôle, sympa, toujours de bonne humeur. Je sais que tu m'attends quelque part. »
= Ce monsieur cherche une GO du Club Med.

Xmen69 : « Si toi aussi tu aimes prendre des risques dans la vie, contacte-moi. »
= Au deuxième rancard, si ça vous dit de découvrir Lulu la coquine, son club échangiste préféré, et de finir en latex avec un fouet à la main, ce gars est pour vous.

VroumvroumduLimousin : « Je te propose des soirées au coin du feu, des virées à moto et des moments complices. C'est déjà ça, non ? »
= Soirées au coin du feu à regarder les flammes… Si vous êtes branchée méditation, c'est mieux. Sinon vous risquez

de vite vous enquiquiner (sans compter que si l'idée de la moto vous plaît, dans la pratique, au bout de deux virées, ça va vous gonfler : le casque qui aplatit les cheveux, le froid et la peur…).

Prendredelahauteur888 : « Homme accro à la rando en montagne cherche à partager ou à faire découvrir sa passion. »
= Si ça vous tente de manger rando, dormir rando, parler rando, baiser rando… pourquoi pas ?

Simon75 : « Je ne sais pas du tout comment me présenter… Je n'ai plus beaucoup de cheveux mais j'aime bien discuter. Alors si vous aussi, parlons-nous (même si vous avez encore des cheveux). »
= À rencontrer tout de suite.

7

Et le sexe dans tout ça ?

L'amour, c'est bien, mais il y a aussi le sexe. Et, en la matière, cela change beaucoup selon la situation.

Le sexe quand on est en couple

Je ne vais pas y aller par quatre chemins sur ce sujet qui chatouille l'amour-propre. Nous sommes à une époque où la presse et les médias sont unanimes et expliquent d'un ton péremptoire que jouir est quasiment une obligation (les nouveaux diktats de la presse féminine…). C'est dire s'il est impensable pour une femme de déclarer : « Bouh, la dernière fois que j'ai joui avec mon mari, Juppé avait encore des cheveux. » Et l'époque étant aussi au bonheur pour tous, à l'égalité absolue, l'orgasme est devenu – comme le bio, les vacances au soleil ou une télé écran plat – une exigence. Tout le monde y a droit.

Seulement voilà, moi qui ne suis ni sexologue, ni psy, ni coach, ni conseillère conjugale, mais qui ai quand même quarante-cinq années de vie commune au compteur, je pense que cette approche est pire que tout. Les effets sont bien plus frustrants qu'épanouissants. Comme toujours, je suis convaincue qu'il vaut mieux s'en remettre au bon sens et à ses propres capacités plutôt qu'à l'utopie sociétale. Je vous conseillerais donc tout simplement de vous pencher sur ce fichu problème d'intimité par le petit bout de la lorgnette. Regardez à la loupe votre appétit sexuel – dans la réalité, pas comme si vous rejouiez une scène d'*Out of Africa*. Partez plutôt de l'idée que nous ne sommes pas égaux face au désir. Ce n'est ni bien ni mal. C'est un constat. À l'instar de l'appétit. Tout le monde ne se comporte pas à table de la même façon. Il y a celles qui vont être rassasiées avec une endive et d'autres qui, après une choucroute, se régalent d'un camembert et attendent en trépignant la mousse au chocolat.

Mais pourquoi certaines déclarent-elles les yeux exorbités « Moi, je suis gourmande » alors que, après une pomme et un yaourt, elles s'exclament qu'elles n'en peuvent plus ? Parce que aujourd'hui, tout simplement, ça fait bien, c'est sexy d'être gourmande. C'est cool. Avez-vous déjà entendu une femme avouer : « J'aime pas manger. J'ai jamais faim » ? Avec le sexe, c'est pareil. Or l'appétit sexuel aussi est inégal pour chacun d'entre nous. Nos grand-mères étaient finalement beaucoup plus libérées que nous quand elles osaient déclarer : « Le sexe n'a jamais été au centre de ma vie. »

Analysez aussi l'appétit de votre partenaire. Il y a ceux qui ont une capacité sexuelle ponctuelle et régulière, les sentimentaux à qui il faut du romantisme, les fantasmeurs qui ont besoin d'une situation particulièrement excitante (en tout cas pour eux), ou ceux qui attendent seulement que les enfants ne soient pas dans la chambre voisine... Liste non exhaustive, évidemment.

Idem pour la fréquence. Les animaux ont bien des périodes de rut (et les escargots vont jusqu'à se débrouiller tout seuls...). Le désir n'est jamais constant, et dans un couple il y en a toujours un qui a plus d'appétit que l'autre... Surtout quand s'en mêlent le travail, les enfants, les soucis, la santé, les tromperies, la jalousie... sans parler de votre parcours et de l'éducation que vous avez reçue. Mais n'oubliez pas non plus la délicate formule de votre grand-mère : « L'appétit vient en mangeant. »

Tous ces facteurs ont une influence. Nous n'avons jamais été autant informés de la vie intime de nos contemporains. Ce qui n'est pas forcément bon pour tout un chacun. C'est la porte ouverte à la culpabilité, à l'envie, ou même au désarroi de ne pas être PAREIL. Quel que soit notre âge. Il paraît que...

- dans les Ehpad, des mamies folles de sexe se lèvent la nuit et sont prêtes à toutes les turpitudes pour rejoindre leur nouveau fiancé ;
- de nombreux couples ne font plus l'amour, sauf pendant les vacances ;
- l'âge n'a plus rien à voir avec la sexualité et certains d'entre nous considèrent que le Viagra et les hormones sont aussi nécessaires que leur dentifrice ;

- certains ont envie de l'autre parce qu'ils en ont toujours eu envie...

Êtes-vous obligée d'entrer dans l'une de ces catégories ? Ce qui est sûr, c'est que ce n'est pas à la société de décréter ce qui va vous faire du bien ou pas. Vous seule pouvez le décider. Voilà toute ma philosophie. Alors demandez-vous seulement si votre vie sexuelle vous convient ou non...

Le sexe quand on n'est pas en couple

Passé 50 ans, la plus grande difficulté quand il s'agit de recoucher avec un homme (ou qui vous voudrez) est bien sûr (outre la difficulté de trouver un partenaire, *cf.* chapitre 6) de vaincre son appréhension. Sans compter les quelques mois, années (ou décennies...) d'abstinence qui ne font que renforcer cette crainte. Certaines vous diront que c'est comme le vélo, il suffit de remonter dessus. Certes, mais force est de reconnaître que, à plus de 50 ans, on n'enfourche pas une bicyclette avec la légèreté et l'assurance qu'on affichait à 25. Et pour cause, on a la trouille.

La peur de découvrir un corps nouveau. Pour peu qu'on ait passé les dernières décennies avec le même bonhomme, l'adaptation au changement corporel n'est pas chose aisée, voire carrément répulsive (« Berk, il a les ongles de pied jaunes »). Difficile de vous donner des conseils ou un mode d'emploi en la matière, à part de vous boucher le nez, fermer les yeux, faire un effort ou partir en courant, car quand ça veut pas, ça veut pas. En revanche, si alchimie il y a, vous le saisirez rapidement («Qu'ils sont mignons ces doigts de pied, on dirait des mini-hot dogs»).

Mais la trouille des trouilles (surtout si l'autre vous plaît) est évidemment de dévoiler son propre corps. Angoisse dont bon nombre d'entre vous ont eu un aperçu à 20 ans. Souvenez-vous : vous étiez sous la couette avec votre amoureux (ou vague connaissance), vous veniez de vous étreindre et, pour une raison ou pour une autre, il allait vous falloir sortir du lit. Vous lever, donc, et faire passer votre corps de la position horizontale à verticale. Ce qui était loin de vous enchanter puisque, comme tout le monde sait, un corps debout est nettement moins flatteur qu'allongé. J'adorerais croire au concept : «On s'en fout de ce que pensent les autres. L'important c'est d'être bien dans son corps.» Mais dans la vraie vie, quand on n'aime pas son popotin, on n'a pas envie de le montrer (surtout à quelqu'un qu'on espère revoir). C'est normal. Et c'est pourquoi, une fois hors du lit, déjà à l'époque vous vous déplaciez en moonwalk avant de finir en pas chassés dos au mur pour, enfin, atteindre la porte de la chambre. Vous vous souvenez? Quelques décennies plus tard, vous êtes dans les mêmes beaux draps sauf que, en sus de vos fesses, vous voulez cacher vos genoux qui plissent, votre gras dans le dos et vos dessous-de-bras qui gondolent. Pour parer à cette angoisse, vous pouvez toujours porter une djellaba et une cagoule pendant vos ébats. Ou alors… plus simplement vous dire que non seulement il a les mêmes craintes que vous mais qu'en plus il ne vous a pas choisie pour la fraîcheur de vos tissus. Car, à moins d'avoir eu un triple pontage du cerveau, ce monsieur sait qu'un corps qui a vécu a vécu. Et, qui sait, peut-être que ça lui convient parfaitement, à l'instar de Serge Reggiani :

> *La femme qui est dans mon lit*
> *N'a plus 20 ans depuis longtemps*
> *Ne riez pas, n'y touchez pas*
> *Gardez vos larmes et vos sarcasmes*
>
> *Lorsque la nuit nous réunit*
> *Son corps, ses mains s'offrent aux miens*
> *Et c'est son cœur*
> *Couvert de pleurs et de blessures*
> *Qui me rassure*[1]

Ne jouez pas à ce que vous n'êtes pas ou plus, une fille de 25 ans, misez plutôt sur ce que vous êtes : une femme mûre, à savourer sur-le-champ. Mais attention, ne tombez pas non plus dans l'excès inverse et l'autodénigrement (« Mes cuisses ressemblent à une piste de ski tellement j'ai de cellulite », « T'as vu, mes seins cachent mon nombril »). L'autodérision vire parfois à la destruction et n'apporte jamais rien de bon (surtout au lit). Voyez plutôt les choses du côté de la ride à moitié pleine. Des genoux qui plissent, ça signifie avoir eu le temps de découvrir son corps. De

---

1. « Sarah », chanson écrite et composée par Georges Moustaki, *in* Serge Reggiani, *N° 2 Bobino*, 1967.

se libérer sexuellement. Vous avez peut-être peur qu'il voie votre derrière mais vous ne craignez plus de lui dire ce que vous aimez ou non, vous n'avez plus de temps à perdre. Une nouvelle donne qui confère une certaine saveur au câlin après 50 ans.

À méditer

Ne pas avoir d'homme sous la main ne signifie pas se passer de sexualité. D'autant plus que se masturber, c'est faire l'amour avec soi-même, soit avec la personne qu'on aime le plus au monde !

8

Le travail après 50 ans quand on est une femme

C'est là une donnée majeure de la « nouvelle vieille » : le boulot.

À la différence de leurs aînées, les vieilles d'aujourd'hui, dans leur grande majorité, travaillent ou ont travaillé.

Travailler est pour la plupart d'entre elles un choix – elles se sont même battues pour ça – leur conférant autonomie financière et liberté. Mais, si le droit au travail leur est acquis, les conditions et l'environnement professionnels des femmes sont loin de leur être favorables...

D'ailleurs, le titre de ce chapitre est assez parlant, non ? Eh oui, dans ces pages, nous allons essayer de résister et, à l'instar des Sept Nains dans *Blanche Neige*, de nous donner du cœur à l'ouvrage en sifflant sur le chemin du boulot : « Hé ho, hé ho... »

Car, il faut bien le reconnaître, femmes et travail sont souvent synonymes de double (quadruple ?) peine : inégalité salariale, plafond de verre (et même sol en béton), temps partiels subis, double journée (= charge mentale ramenée sur le lieu de travail). Sans compter un autre phénomène désopilant : les femmes sont plus diplômées que les hommes mais nettement moins nombreuses aux postes à responsabilités et de pouvoir. Si on ne les nomme pas d'emblée à ces postes clés, elles-mêmes s'autocensurent et ne postulent pas... C'est dire si les propos de Françoise Giroud dans *Le Monde* en 1983 sont encore terriblement et malheureusement d'actualité : « La femme serait vraiment l'égale de l'homme le jour où, à un poste important, on désignerait une femme incompétente. » En attendant (même si on commence vraiment à s'impatienter), la femme de plus de 50 ans doit souvent se débrouiller avec sa triste réalité professionnelle. Car sexe féminin, âge et travail ne font pas vraiment bon ménage. D'ailleurs, dans le cadre professionnel, on dit rarement « la nouvelle vieille » mais « la vieille » tout court qui, en langage politiquement correct, se dit « senior ».

Dans ce paysage plein d'humour, plusieurs cas de figure.

La senior est en poste

Inutile de dire qu'elle a une peur monstre de se faire virer et de se retrouver sur le carreau (voir plus bas) et ce, bien que la loi prévoie un coût supplémentaire pour le licenciement des plus de 54 ans. Et elle fait bien d'avoir peur, car nombreux sont ceux qui rêvent de la dégager. La senior en poste doit donc redoubler d'efforts pour se maintenir au niveau (d'autant plus si elle n'a pas tous ses trimestres). Sans compter (et ça n'a rien à voir avec l'âge ni le sexe mais concerne tous les travailleurs et à tous les niveaux) que la tendance est au non-remplacement des nombreux postes supprimés, ce qui induit que ceux qui restent (dans la terreur) se voient gentiment priés de récupérer la charge de travail de ceux qui sont partis. La problématique de la senior : redoubler d'efforts avec toujours plus de boulot à un moment de sa vie où elle lèverait bien le pied et où, il faut bien le reconnaître, elle tient moins bien la cadence (et c'est normal). La technique pour y parvenir est de faire illusion. Ce qui implique, outre les bonnes nuits de sommeil, d'opter pour une *win* attitude au boulot. C'est-à-dire marcher vite dans les couloirs, avoir toujours un dossier sous le bras et répondre au téléphone en disant : « Je finis un truc et je te rappelle » (l'interlocuteur ne saura jamais que le truc, c'est la commande des courses de la semaine sur Internet). Avoir l'air occupé (attention à ne pas sombrer dans l'air débordé = qui ne s'en sort pas) est imparable.

Phrases que la senior en poste ne doit jamais prononcer

- Je demanderai à mon fils de m'expliquer.
- Parlez plus fort, j'entends mal !
- Vous n'articulez plus, les jeunes, aujourd'hui.
- Comment on met une pièce jointe ?
- Vous êtes débiles, avec vos réseaux sociaux !

Plus compliqué, parvenir à se maintenir à niveau sur le plan des nouvelles technologies (il y a bien un moment où l'on va arrêter de les appeler «nouvelles», vu que ça fait quand même un paquet d'années qu'elles ont débarqué). Sur ce terrain-là, force est de constater que, oui, madame la senior, vous êtes complètement dépassée (comme tout collègue de plus de 37 ans). Inutile de tenter de faire illusion, non seulement c'est impossible mais, en plus, c'est contre-productif. Demander au stagiaire : «Tu es sur Likedink, heu, Lindenique… Raaaaaah! Je sais jamais comment on dit!» vous pose là (en post-retraite à deux doigts de l'Ehpad). En revanche, utilisez-le, ce stagiaire. Parlez avec vos mots et demandez-lui de traduire en nouvelles technologies. Ne dites pas : «Je ne comprends rien à tout ça» toutes les deux secondes, tentez plutôt l'approche globale. Faites comprendre que vous avez les fruits, que les *digital native* (ça, vous devriez connaître, comme mot) sont le bocal, et qu'ensemble vous êtes capables de faire de super pots de confiture.

Ce qu'on dit dans le dos de la senior en poste

- Elle a encore ses bouffées de chaleur, Mamie?!
- Elle pourrait pas laisser sa place aux jeunes, la vieille?
- Parle-lui fort sinon elle n'entend rien.
- Elle coûte trop cher à virer.

- On la zappe pour la réu prévisions à cinq ans, non ?
- T'as vu sa jupe en cuir ? Elle croit qu'elle a quel âge ?

La senior cherche du travail

Encore un peu et on commençait ce paragraphe avec une nouvelle réjouissante : le taux de chômage des femmes seniors (6,4 %) est moins élevé que celui des hommes seniors (7,2 %). Mais non. Elles ne sont pas moins nombreuses… elles n'apparaissent plus dans les statistiques, nuance. Une des explications, c'est que les femmes de plus de 50 ans sont tellement découragées de ne pas retrouver de job qu'elles renoncent à en chercher un (et se débrouillent avec des « petits boulots » ou tombent dans la précarité – dont elles souffrent plus que les hommes). Car, si c'est difficile pour tout le monde de retrouver un poste après 50 ans, ça l'est encore davantage pour les femmes. L'âge et le sexe étant les deux premiers motifs de discrimination liée au travail. Dans le rapport de juin 2019 du conseil supérieur de l'égalité professionnelle entre les hommes et les femmes, on apprend que 90 % des offres d'emploi mentionnant l'âge du candidat ciblent les 25-40 ans !!! Ou encore que 68 % des cabinets de recrutement considèrent l'âge comme un facteur potentiellement discriminant dans la recherche d'emploi et que 47 % d'entre eux avouent qu'il est difficile de placer une femme de plus de… 45 ans. Oui, vous avez bien lu : 45 ans.

Désolée de plomber l'ambiance, mais savoir où l'on met les pieds permet en général de mieux adapter la parade (et de moins subir). Tout ça pour vous dire : ne perdez pas trop de temps à rêvasser mais, forte de ce constat, continuez à postuler et à envoyer votre CV sans attendre grand-chose (voire rien) en retour. Préparez-vous à ne pas recevoir de réponse et, lorsque vous en aurez une, elle ressemblera sûrement à ça : « Nous avons étudié avec la plus grande attention votre CV et votre lettre de motivation, mais malheureusement nous ne pourrons donner suite à votre candidature. Nous vous remercions cependant de l'intérêt que vous portez à notre entreprise. Cordialement. L'équipe RH. »

Bref, beaucoup de courbettes pour vous dire que vous ne faites pas (plus ?) l'affaire.

La reconversion est évidemment une solution à laquelle vous avez pensé. Mais, là aussi, soyez lucide pour mettre le plus de chances possible de votre côté. Et méfiez-vous des pièges, soit, par exemple, de tous les métiers en « peute » (aromathérapeute, hypnothérapeute, agorathérapeute…), qui vont bientôt compter plus de praticiens que de gens à soigner. Méfiez-vous aussi, lors d'une reconversion, des métiers qui ont l'air de se faire dans le plaisir : ouvrir une chambre d'hôtes ne s'improvise pas (et un hôte peut être très chiant…) ; et être fleuriste implique de vendre des fleurs (beaucoup), d'aller les acheter très tôt et de s'en occuper toute la journée (= mains dans l'eau, les épines…).

Surtout, si la reconversion nécessite une formation : attention aux stages arnaques qui profitent de la vulnérabilité des gens pour leur proposer, moyennant finances, une aide pour se reconnecter à eux-mêmes afin de trouver plus facilement un emploi. Vous risquez juste de perdre du temps et de l'argent ! Rebref, ne cherchez pas le boulot idéal, mais celui qui vous offre le plus de chances de gagner correctement votre vie.

Allez, bon courage, je suis avec vous.

9

Les copines, une question de survie

C'est un vrai phénomène. Nos mères avaient surtout des amies de longue date, celles de toujours qu'on se fait dès le plus jeune âge, parfois même dès la maternelle. Clan assez réduit, auquel s'ajoutaient quelques femmes qu'elles rencontraient au fil des années professionnelles et qui, souvent, prenaient une grande importance puisque ce sont celles-là qu'elles fréquentaient le plus dans la vie de tous les jours.

Toutefois, peu de nouveaux arrivages se produisaient au cours des années. On gardait celles qu'on avait (ou tout du moins on faisait avec, même si elles ne convenaient plus aux évolutions personnelles de l'une et de l'autre).

Aujourd'hui, LA et les copines (qui ne sont pas forcément des «amies»: la copine est toujours là quand il s'agit de rigoler; l'amie est là aussi quand il s'agit de pleurer…) font partie intégrante de la vie de «nouvelle vieille».

Vous vivez en couple

Vous êtes pourvue d'un mari, d'un amoureux, d'un compagnon, d'un «comme vous voulez», mais bref, votre vie quotidienne est plutôt bien remplie.

Vous avez quand même quelques copines, qui vous apportent ce qui manque à votre mec (car il manque toujours quelque chose). Et c'est tant mieux. D'ailleurs, souvent, les maris le savent et l'acceptent très volontiers. Et puis ça leur fait de l'air.

Ils sont souvent ravis, par exemple, de nos dîners entre copines, qui leur laissent le temps de végéter tranquille sur le canapé (activité de prédilection pour certains) ou de dîner entre potes pour ne parler de rien ou regarder un match, voire pour une partie de jeu vidéo. S'ils sont enchantés qu'on ait des copines, ils les aiment bien mais «à petite dose» (expression qu'ils emploient pour parler d'elles et qui nous horripile). Ils les trouvent parfois un brin soûlantes, voire chiantes, et souvent «frappadingues» – à se demander ce qu'ils pensent de leur femme!? N'empêche, les copines sont une bouffée d'oxygène pour vous et pour lui, donc pour votre couple.

Vous vivez seule

Vous êtes seule. Et parfois trop seule. Une fois que vous avez épongé vos relations familiales (certes sympas mais totalement insuffisantes sur le plan de la rigolade), il est délicieux d'avoir en magasin quelques copines avec qui, selon vos goûts et vos besoins, passer des heures au téléphone, partager le plaisir d'un coucher de soleil, mais aussi vous énerver, ricaner sur un boss commun, s'inscrire dans un club de peu importe quoi, analyser les propos de votre psy, faire coach love sur vos histoires de cœur, mettre le doigt sur quelque chose qu'on se cache soigneusement. La copine qui vous pousse à faire des trucs que vous ne feriez jamais toute seule et celle avec qui on vit les meilleures crises de fou rire, aussi délicieuses que celles qu'on partageait à l'école primaire avec sa voisine de pupitre – à en faire pipi dans sa culotte. Sans oublier toutes celles avec qui on traverse les grands moments de la vie, la naissance d'un enfant, la rupture avec un salaud, un projet fou de voyage en Inde, l'achat d'un appart… et même un cancer.

Tout ça pour dire qu'une copine, c'est (souvent) mieux qu'un mari.

D'où l'importance de bien choisir ses copines (et donc de faire le tri) puis de maintenir la flamme au sein de la relation…

Les copines qu'il faut avoir absolument

La copine plus jeune

Elle a des avantages très précis (surtout quand on dépasse les 70 ans). Elle est au fait de choses qui auraient tendance à moins vous concerner (et c'est bien dommage, car être une «nouvelle vieille» ne consiste pas seulement à avoir une allure plus jeune mais aussi un cerveau en éveil – *cf.* chapitre 3). Elle est plus jeune, elle a donc déjà repéré des groupes de musique (Pomme, Lous and the Yakuza…) avant que ça arrive dans vos oreilles. Vous remarquez au passage qu'elle ne dit plus «c'est la lose» mais «trop déceptif». Elle est pleine d'énergie, d'envies qu'elle vous communique, elle vous entraîne ainsi dans des lieux où vous n'oseriez pas aller seule (du parcours d'énigme dans un château à la semaine de jeûne dans le désert). La copine plus jeune vous maintient dans le coup et en forme.

La copine plus vieille

Quand elle vous dit : «Tu verras quand tu auras mon âge!», ce n'est pas pour gagner le concours de l'arthrose la plus avancée. Non, c'est pour vous dire que vous êtes encore jeune. Donc qu'il faut profiter de la vie. Écoutez-la quand elle affirme que vous pouvez «encore» montrer vos bras, cou, jambes (c'est selon votre morphologie). La copine vieille n'a pas d'égale pour vous pousser à savourer le présent. Et à rassurer sur l'avenir = «Pourvu que je sois comme elle à son âge».

La copine gentille (mais con)

Pas une once de médisance chez cette copine. Ni d'humour, mais ce n'est pas grave, et même c'est tant mieux. La gentille est un havre de paix dans lequel on peut se ressourcer. Elle est reposante. Et comme elle a bon cœur (ce qui est une qualité extravagante de nos jours), elle n'a pas «la haine», elle ne dira donc jamais de mal de vous sur Facebook. Elle console, comprend (même si c'est tout de travers) et n'oublie jamais votre anniversaire.

La copine de shopping

Elle sait dire la vérité sur cette jupe qui vous donne l'allure d'un abat-jour, ce truc qui va godiller au bout de trois lavages, cette couleur qui vous donne la mine d'un céleri-rave, ce top qu'on peut trouver à moitié prix ailleurs, ce foulard déniché au rayon vintage qu'on croirait sorti de chez un grand couturier, ce manteau qui est sûrement très bien mais qui vous fait ressembler à un sumo, cette robe sans poches qui donne l'air guindé, ce pull que vous croyiez à la mode sans savoir que c'était à la mode, oui, mais l'année dernière... Elle sait tout, et surtout ce qui vous va ou pas. Une *personal shopper* qu'on aime en prime.

La copine d'humeur égale

Un vrai bonheur. Ne s'énerve pas, trouve tout sympa. Pas le genre au restaurant à trouver nul qu'il n'y ait pas de hamburger au daïkon sur la carte. Non, elle est contente de revoir *Autant en emporte le vent* avec vous alors qu'elle n'aime que les histoires qui se passent sur les porte-avions. Elle rit de vos bêtises, ne porte pas des jugements à l'emporte-pièce sur vos enfants. Trouve des excuses à votre mari quand vous ne le supportez plus. Cette copine, fille cachée du dalaï-lama et de mère Teresa, sait vous apporter la paix, la sérénité et le recul qui vous manquent tant (et qui vous causent bien des ennuis – et un ulcère).

La copine moteur
(ou la BFF, Best Friend Forever)

Elle fonce et entraîne avec elle tous ceux (vous) qui sont dans les parages. Elle a des idées et de l'énergie pour deux. Ça tombe bien, vous ne savez jamais par où commencer. Mais sa force n'est pas (que) là. Elle concrétise ses envies. Pas le genre à rêvasser mais plutôt à passer à l'action. Pour elle, tout est possible, en tout cas, il faut essayer : que ce soit un homme, une veste, un voyage dans un pays où tout est compliqué, une reconversion, un nouveau job... Sa devise : « On ne peut pas savoir que ça ne marche pas avant d'avoir vraiment tenté le coup. » Elle est encourageante et c'est une véritable machine à redonner confiance en soi et en la vie.

La copine blagueuse

Pas blogueuse. Non : blagueuse. Elle ne peut pas s'empêcher de plaisanter, la malice est dans son ADN. Sa vision amusée de la vie s'accompagne souvent de lucidité. La blagueuse voit tout (et rit de tout). D'où son atout incroyable : vous ouvrir les yeux avec humour. Sur cet homme que vous venez de rencontrer, par exemple, et que vous prenez (ou voulez absolument prendre) pour le prince charmant alors qu'il a tout d'un glandeur intéressé. Cette personne a un effet soulageant et clairvoyant inestimable (mais il faut la mériter, parce qu'elle est très demandée). Même quand vous sombrez dans la dépression, elle vous tire de là. Elle a des phrases sublimes : « Ce n'est qu'un cancer, on ne va pas en faire un drame. »

*La copine du corps médical
(médecin ou infirmière, même à la retraite)*

Son savoir médical, et même ses quelques notions rudimentaires sur certains aspects médicaux, sont un baume pour vos angoisses. Elle est de bien meilleur conseil qu'Internet, qui risque tout simplement de vous faire devenir folle et de démultiplier vos angoisses quand vous vous faites des idées sur un bouton de fièvre. Elle sait quel genre de médecin il faut voir (et elle a des relations dans les hostos). Au top, elle sait rassurer, mais aussi, selon les cas, vous pousser à vous faire suivre.

*La copine qui a un mari
qui s'y connaît en informatique*

… et qui ne s'offusque pas quand on lui demande de nous le prêter pour faire redémarrer notre imprimante qui bugge. Cela, à vrai dire, est tout aussi valable lorsque ledit mari a une compétence susceptible de nous rendre service, qu'il soit bricoleur, garagiste, pompier, chauffeur de taxi. Humoriste, pas la peine d'essayer, ça ne se prête pas.

Les copines à fuir

La copine jalouse

Vous mettrez du temps à la détecter. Parce que ce n'est pas toujours évident. Et elle a toujours de bonnes raisons de vous critiquer. Si vous vous plaignez de payer trop d'impôts, c'est que vous gagnez trop d'argent, de toute façon. Si vous réussissez, c'est quand même un coup de bol parce que vous n'avez pas fait d'études et elle, si. Si vous aimez un homme, c'est que vous êtes incapable de vivre seule…

Si, éventuellement, il vous plaît de la conserver malgré tout, voici une solution pour la calmer : lui énumérer vos emmerdes.

La copine menteuse

Parfois c'est rigolo, mais à petite dose. Elle s'invente une maladie parce qu'au dernier moment elle a préféré sortir avec quelqu'un d'autre. Quand vous lui demandez un service, elle dit qu'elle n'a pas le temps parce qu'elle doit s'occuper de sa belle-sœur… Elle vous raconte qu'elle est allée au Guatemala parce que vous rêvez d'y aller… Elle vous dit qu'elle vous remboursera alors qu'elle sait bien qu'elle ne le fera jamais (et vous le savez aussi)… En fait, même à petite dose, elle n'a pas grand intérêt.

La copine voleuse (de mari)

On l'élimine une fois qu'elle a volé le mari. Parce que, avant, on n'avait rien vu.

La copine radine

Une plaie. Un cauchemar. Elle dit : « OK pour le dîner, tu achètes les huîtres, j'achète le pain. » Au resto, elle se lève et part aux toilettes au moment de l'addition. Elle vous fait payer le taxi, le dîner, le pourboire à l'ouvreuse et le vestiaire sous prétexte qu'elle a eu une réduction sur la place de théâtre. Elle est peut-être maladivement radine mais, qui sait, peut-être éprouve-t-elle un certain plaisir à faire « payer » les autres (et vous). Juste une fois, pour voir, adoptez ses méthodes et demandez-lui d'apporter les huîtres. Ou, encore mieux, faites comme elle mais en pire : au moment de payer au resto, dites que vous avez oublié votre carte bleue et remerciez-la de vous avancer l'argent. Il se peut qu'elle décide ensuite de ne plus vous voir (enfin, une fois que vous l'aurez remboursée, évidemment).

Le problème des copines difficilement évitables

S'il n'est pas toujours facile de « rompre » avec une copine, il en est avec qui c'est carrément impossible. La copine d'enfance, l'amie qu'on connaît depuis toujours et qu'on se trimballe en bandoulière depuis le CP. À l'époque, elle était franchement distrayante avec ses jugements à l'emporte-pièce. Avec le temps, elle a pris un sale virage. De joyeuse insolente, elle est passée hypernégative. Plus rien ne trouvant grâce à ses yeux, elle mouline dans la rancœur et l'amertume. Sa phrase culte : « C'était mieux avant. » En oubliant qu'avant, elle trouvait déjà tout nul. Résultat : mieux vaut ne la fréquenter que les jours où l'on se sent en grande forme, pour ne pas assombrir notre belle humeur. Après tout, c'est presque une sœur, elle fait partie de la famille. Ce lien unique qui fait que l'on est l'une et l'autre témoin de nos vies. Et en plus, il faut l'avouer, on l'aime vraiment.

TEST
Et vous, quelle copine êtes-vous ?

*Répondez aux questions,
calculez le nombre de A, B et C obtenus
et reportez-vous au profil majoritaire.*

1. Combien de copines avez-vous (environ) ?
   A. 20
   B. 10
   C. 5

2. La phrase que vos copines vous disent souvent :
   A. « Oh, t'es con ! »
   B. « Ah oui, tu crois ? »
   C. « Comme tu veux. »

3. La phrase que vous dites souvent (à vos copines) :
   A. « Mais tu t'en fous ! »
   B. « C'est pas grave. »
   C. « J'en étais sûre ! »

4. La dernière fois que vous avez appelé une copine :
   A. Hier
   B. Aujourd'hui
   C. Il y a plusieurs jours

5. Avec vos copines, vous aimez :
   A. Faire du shopping
   B. Aller au resto
   C. Voir une expo

6. La dernière fois que vous avez vu plus de trois copines en même temps, c'était :
   A. Il y a moins d'un mois
   B. Il y a plusieurs mois
   C. Vous ne vous souvenez plus
7. Une copine vous doit de l'argent :
   A. Vous ne le lui réclamez pas (vous en devez vous-même à une autre)
   B. Vous le lui demandez (délicatement)
   C. Vous ne dites rien (mais rongez votre frein)
8. Vous appelez vos copines :
   A. « Chérie »
   B. Par leur surnom
   C. Par leur prénom
9. Vos amies d'enfance :
   A. Vous ne les voyez plus
   B. Vous vous donnez des nouvelles de temps en temps
   C. Certaines sont toujours vos amies aujourd'hui
10. Les dîners chez vous sont :
    A. Souvent improvisés (un plat de pâtes)
    B. Assez réguliers (le vendredi ou le samedi)
    C. Prévus longtemps à l'avance (ça vous stresse)
11. Votre film préféré :
    A. *Tout ce qui brille*
    B. *Thelma et Louise*
    C. *Les Sorcières d'Eastwick*

12. Il est arrivé que vos copines vous demandent :
   A. De leur présenter un mec
   B. De l'argent
   C. « Comment tu vas ? »

Résultats

Majorité de A

Vous êtes une copine festive

Vous n'aimez pas être seule donc vous êtes souvent entourée (logique, quand tu nous tiens!). L'organisation de soirées, les grands dîners, non seulement ça ne vous fait pas peur mais vous adorez. Et c'est ce que vos copines adorent chez vous aussi. Votre gaieté, votre capacité à aimer la vie et à en profiter les enchantent car cela « éclabousse » de joyeuseté dans leur quotidien. Vous avez toujours une bonne idée en tête et vous êtes chaque fois partante pour une sortie, un week-end, des vacances… Le vrai plus : pour les autres, vous êtes un véritable lien social. Le petit moins : vous n'êtes pas toujours fiable sur vos engagements. Il vous arrive de ne plus vous souvenir que vous aviez lancé l'idée d'une semaine à Carnac (entretemps, vous avez décidé de partir au Mali avec une autre copine). Mais vos copines vous pardonnent toujours (joie de vivre, quand tu nous tiens!).

Majorité de B

Vous êtes une copine coach

Votre surnom ? Madame Bon sens ou madame Lucidité. Vous êtes LA copine à laquelle on demande conseil. Et en toute confiance. Aspect primordial de votre personnalité : pas une semaine sans qu'une de vos amies ne vous appelle pour vous exposer un problème (enfants, boulot, mari, rencontre amoureuse) et n'attende de vous que vous l'aidiez à y voir plus clair. Vos talents d'analyse des situations et vos solutions possibles sont hallucinants. (Vous avez pensé à faire payer vos consultations ?) Vous êtes une copine cérébrale, d'ailleurs vous préférez voir vos copines en tête à tête plutôt qu'à plusieurs. Ce qui fait (petit moins) que vous avez tendance à un peu cloisonner vos amitiés (alors que les mélanges pourraient être très réussis).

Majorité de C

Vous êtes une copine exclusive

Ce qu'il y a de bien avec vous, c'est votre côté fiable. C'est le moins que l'on puisse dire puisque vous êtes du genre « à la vie, à la mort ». Vos copines savent (et aiment) pouvoir compter sur vous en toutes circonstances. Vous serez toujours là. D'ailleurs, c'est vous qu'elles appellent en premier lorsqu'il leur arrive un événement important, qu'il soit grave ou joyeux, mais malheureusement, avec le temps qui passe, c'est plus fréquemment grave. Vous feriez tout pour elles (vous n'avez que trois vraies copines) et vous attendez (exigez?) qu'elles en fassent autant pour vous (il s'est passé un truc dans votre enfance?). C'est fort, c'est beau, mais c'est parfois un peu lourd (voire pénible).

10

La (nouvelle) relation mère/fille

Celles qui se demandent pourquoi je consacre un chapitre à la relation mère/fille et pas à la relation mère/fils n'ont certainement pas de filles.

Si l'éducation des fils est plus pesante pendant l'enfance – «Descends de ce mur»; «Arrête de me marcher sur les pieds»; «Enlève tes doigts du nez de ton frère»... –, elle se simplifie avec le temps. Le fils adulte pose rarement de problèmes. Il se contente en général de ce qu'il a, voit et reçoit. Il manie à merveille les «Oui, maman, très bien». Cependant, les relations peuvent éventuellement se compliquer avec l'arrivée de la belle-fille – ça n'a pas changé –, au cas où celle-ci ne déclencherait pas votre enthousiasme, mais de toute façon cette femme l'entraînera dans sa propre famille.

En revanche, avec la fille, c'est souvent l'inverse. Lorsqu'elle est petite, faire son éducation paraît un enchantement : «Qu'elle est mignonne!» Ça commence à se corser à l'adolescence : «Qui est cette alien dans mon appartement?», pour ne pas se calmer, voire empirer, à l'âge adulte.

La relation mère/fille a toujours été complexe

Celles qui se régalent de biographies ont constaté que nos écrivains les plus avant-gardistes et les plus perspicaces sur les relations parents/enfants ont dû affronter leurs contradictions. Ainsi, Colette aura une relation magnifique avec sa mère, Sido, mais avec sa propre fille, ça ne sera que reproches et règlements de comptes. Quant à George Sand et sa fille Solange, leur relation alterne les sommets d'amour et de haine tout au long de leurs vies[1]. Et le pompon, c'est Françoise Dolto[2], qui revient de loin suite aux rapports plus que houleux qu'elle a entretenus avec sa propre mère.

On le sait, la complexité de cette relation vient de cette forme unique et insolite d'amour/haine (rappelez-vous combien votre mère vous énervait mais comme vous auriez été prête à tout pour elle), de cette rivalité bien connue des psys et de la nécessité pour toute fille de s'autoriser à dépasser sa maman. OK, disons que, dans ces conditions, l'affaire est à peu près gérable. Mais, mais… quelques évolutions de mœurs et de mentalité plus tard, la gestion du dossier échappe aux meilleures d'entre nous.

Il semblerait tout simplement que, aujourd'hui, il y ait une nouvelle relation mère/fille, puisqu'il y a une nouvelle mère (vous) et une nouvelle fille (votre fille).

---

1. Bernadette Chovelon, *George Sand et Solange*, Éditions C. Pirot, 1994.
2. Françoise Dolto, *Correspondance*, Hatier, 1991.

Explications

Commençons par la nouvelle mère (vous). Là où avant (votre mère ou grand-mère), passé la cinquantaine, on se mettait au macramé pour laisser la place à sa fille, la nouvelle vieille reste désormais dans la vie en continuant de travailler, séduire, rigoler... Elle empiète donc quelque peu sur le terrain de la féminité que la fille s'apprête à occuper (vous me suivez?). Ce qui en rajoute une couche à la fille (= comment réagir quand, à 25 ans, on a une mère de 45 ans... enceinte de son nouveau mec de 38 ans?).

Côté fille, grâce à Françoise Dolto, Laurence Pernoud puis au développement personnel, au coaching et à l'EMDR... la nouvelle fille n'a plus rien à voir avec les filles qu'on trouvait avant (vous quand vous étiez petite). L'enfant s'est vu accorder beaucoup plus de place, de respect et d'importance, et c'est formidable. Le temps où les mômes (oui, on disait «les mômes») n'avaient pas le droit de parler à table ou prenaient une gifle (oui, une gifle) s'ils ne baissaient pas les yeux devant le parent courroucé est enfin révolu (sauf dans les faits divers). Notons que, dans cet élan, l'évolution s'est parfois un peu emballée et a engendré l'«enfant roi», qui dicte les règles de la famille et peut, parfois, avoir la gentillesse de pousser ses jouets du tapis pour qu'on puisse y mettre les pieds, ou les ôter de la table du salon afin qu'on puisse y poser son verre – mais ça, c'est une autre histoire – quoique.

Le bien-être de la nouvelle fille est devenu une priorité... mais vraiment. C'est-à-dire que la fille tire à vue sur tout ce qui peut empêcher ce bien-être, ou même seulement expliquer qu'il n'est pas toujours évident. Vous voyez où je veux en venir ? C'est sur vous, la nouvelle mère, que la nouvelle fille tire à vue. C'est ainsi que, joyeusement, la « nouvelle vieille » va être accusée d'être une mère :

- *toxique* : vous n'avez pas insisté pour qu'elle s'inscrive à la fac après son bac. Résultat, elle vous en veut de ne pas avoir pu être infirmière ;
- *intrusive* : vous avez trop insisté pour qu'elle s'inscrive à la fac après son bac. Résultat, elle vous en veut de bosser avec des énarques rigides alors qu'elle aurait voulu faire de la menuiserie ;
- *abandonnique* : votre fille se souvient très bien que, dans son enfance, vous avez travaillé plusieurs week-ends et l'avez négligée au profit de votre carrière ;
- *maltraitante* : une fois, quand elle avait 9 ans, vous lui avez dit que sa robe la boudinait ;
- *perverse* : vous aviez la même robe que la sienne et vous lui faisiez honte devant ses copines ;
- *égocentrique* : vous n'avez même pas vu qu'elle voulait la même robe que la vôtre ;
- *narcissique* : elle ne supporte pas le bruit du sèche-cheveux aujourd'hui, ça lui rappelle trop vos nombreux brushings (c'est évident, vous préfériez votre mise en plis à elle).

Dit comme ça, c'est rigolo, mais à entendre (se le prendre en pleine poire), ça l'est beaucoup moins. Ces reproches (le mot est faible) sont non seulement incompréhensibles pour vous («Ma fille est folle?») mais vous font surtout beaucoup souffrir et pleurer. Et vous ne cessez de vous demander comment faire pour que ça se passe mieux. Si ce chapitre ne vous propose aucune recette miracle (sinon l'autrice l'aurait vendue très cher), il peut néanmoins vous donner quelques tuyaux. Testés et validés par des femmes qui sont passées par là. Sachant que le but principal est de désamorcer la situation et de déculpabiliser (non, ce n'est pas votre faute).

Témoignages

Le numéro d'équilibriste : Martine, 62 ans, un fils de 30 ans et une fille de 33.

«J'ai mis des années à chercher comment réagir, ce qu'il fallait dire ou surtout ne pas dire pour avoir la paix et le moins de conflits possible. Ma technique : poser très peu de questions tout en montrant que je m'intéresse à elle et à sa vie. C'est un vrai challenge. Il faut placer le curseur ni trop haut ni pas assez. Ça consiste en fait à trouver formidable tout ce qu'elle fait.»

Le détachement : Françoise, 75 ans, une fille de 42 ans.

«J'essaye de la voir comme une femme et non pas comme ma fille. Parfois, ça marche.»

Vive le présent : Corinne, 59 ans, deux filles de 21 et 31 ans.

«J'évite de parler du passé et des souvenirs. Sinon c'est le pugilat assuré. C'est étrange, j'ai parfois l'impression que ma fille réécrit l'histoire. Elle reparle d'événements ou de moments vécus avec moi en assénant des certitudes et rentre dans une colère noire si je lui dis que ça ne s'est pas exactement passé comme ça. Donc, je ne dis plus rien. »

Écrire : Claudine, 61 ans, une fille de 40 ans et un fils de 37.

« Ça pète régulièrement entre nous. C'est un peu comme si je lui déclenchais des allergies. C'est presque physique, parfois j'ai l'impression qu'elle m'épie pour guetter le moment où elle va bondir. Réaction qu'elle n'a jamais envers son père, ce qui m'énerve prodigieusement. Je laisse la crise passer. Ensuite, je lui écris un mail ou un texto où je lui dis que je regrette que ça soit si difficile entre nous mais que je l'aime plus fort que tout. Parfois, je lui propose qu'on déjeune toutes les deux en tête à tête. Ce sont des périodes d'accalmie très appréciables, mais je sais que la tempête revient toujours. D'ailleurs, petit conseil au passage, mieux vaut accepter l'idée que l'amélioration n'est pas pour tout de suite. Ça évite les désillusions. »

Patienter

Attendre que votre fille ait un enfant à son tour.

11

Pourquoi faut-il changer de look après 50 ans ?

Le dressing

À tout âge, la question est récurrente : « Qu'est-ce que je mets aujourd'hui ? » Question qu'on aimerait balayer d'un revers de manche en clamant un rebelle : « On s'en fout ! » Mais c'est faux. Plus faux que jamais, même. Car :

1. vous avez bien remarqué que nous vivons dans une société où l'image occupe une place démentielle. L'apparence – l'emballage et la forme – a pris le pas sur le contenu et le fond (ce n'est pas pour rien qu'on évalue désormais une personnalité au nombre de followers qu'elle compte sur les réseaux sociaux plutôt qu'à ses talents avérés) ;

2. même si on a le droit (et le devoir) de ne pas sauter à pieds joints dans les travers de cette société de l'image et de résister un minimum, on est bien obligées de reconnaître que oui, l'apparence a son importance. Ça aide à faire bonne impression, comme on dit. Un concept hautement utile pour trouver du travail ou un amoureux. Espérons qu'à votre âge on ne vous apprendra rien en vous rappelant

qu'un homme (enfin, pas tous, mais la plupart) remarquera toujours plus (du moins au début) à quel point votre pantalon met vos fesses en valeur plutôt que la façon dont votre QI embellit votre cerveau. C'est injuste mais c'est comme ça.

Mais si, à tout âge, le look relève de la simple frivolité, désolée de vous annoncer qu'à partir de 50 ans les choses se corsent. Tout simplement parce que le risque de passer complètement à côté de l'effet recherché (s'arranger) est plus que réel. À 50 ans et des poussières, c'est l'âge charnière où un vêtement vous catalogue illico.

Ainsi, face à votre placard, vos hésitations font des allers et retours entre « Est-ce que je ne suis pas trop vieille pour ma mini en cuir ? » et « Je ne fais pas trop "madame", là, avec ce tailleur ? » (alors qu'avant vous vous demandiez juste « Il me fait pas un gros cul, ce jean ? »).

L'enjeu vestimentaire est désormais de savoir quoi porter pour vous éviter le ridicule, la quasi-transparence aux yeux de tous les soupirants éventuels ou de faire carrément quinze ans de plus. Car rien ne sert de tourner autour du vieux pot, l'habit ne fait peut-être pas le moine mais, croyez-moi, la robe portefeuille peut faire la vieille. N'avez-vous jamais eu l'impression de ne plus exister dans le regard des autres ? D'être devenue un rien « transparente » ? Si, évidemment. Je ne vous propose pas un cours particulier de stylisme mais de vous donner quelques petites astuces mode qui fonctionnent… ayant pu les tester sur moi-même.

Mode d'emploi du look de la nouvelle vieille

Postulat de départ (qui sort de ma bouche, certes, et pas de celle de Coco Chanel), qu'il est nécessaire de rappeler ici : On s'habille pour être plus belle et pas pour se déguiser. Trouver votre style revient à savoir ce qui vous va, vous met en valeur, et ce qui cache ce que vous aimez le moins chez vous. C'est parti.

Les principes de base qui suivent sont à bien intégrer. Ils doivent devenir des quasi-réflexes afin de vous empêcher les faux pas (même en période de soldes ou de ventes privées).

Étape 1 : on affronte la vérité

Petit exercice qui va vous permettre de mieux trouver ce qui vous va.

Choisir des fringues que l'on a envie de porter, sans se poser de questions (le seul critère étant qu'elles nous plaisent et que l'on se verrait bien dedans). Les enfiler et se regarder dans une glace ou, mieux, faire un selfie. Évaluer son reflet et son corps comme si on était assise en terrasse avec une copine à regarder les gens passer (surtout les femmes) en se marrant. Énoncer à voix haute ce qu'on se dirait d'elle sincèrement.

Un exemple concret : vous avez choisi un pantalon taille haute (très à la mode). Objectivement, une fois enfilé, n'avez-vous pas un effet bouée entre le pubis et le nombril quand vous vous asseyez ? (Et, même debout, on a l'impression que vous avez été gonflée à la pompe à vélo ? Si oui, ce n'est pas pour vous.)

Étape 2 : on se méfie du « ça revient à la mode »

Certes, le vintage a un avantage formidable : vous avez déjà tout dans vos placards. Donc l'extraordinaire possibilité de faire des économies. Mais désolée, il y a une règle : ce fichu vintage ne s'adresse qu'à celles qui n'ont pas connu l'époque où ça se portait. En d'autres termes, vous avez l'âge de vos fringues. Les ressortir et les remettre revient à multiplier par deux vos années. Votre pantalon pattes d'éph, vos épaulettes 70's, votre chemisier court en vichy, la veste over size… super tendance et ravissant sur une fille de 20 ans en gros godillots, jambes nues. Sur vous, non. Sans compter que le loden que vous ressortez, malgré son apparence « classique » censée traverser les années, n'a pas la bonne longueur, la bonne largeur de col… Vendez-les ou donnez-les à votre petite-nièce.

Étape 3 : une fois pour toutes,
on fait le point sur les couleurs

Nous avons toutes une couleur qui nous met en valeur, une couleur qui nous donne de l'éclat, bonne mine, qui va avec nos yeux. Donc, là aussi, on applique le principe de base : on se fout de la mode.

Le choix de la couleur « qui nous va » est fondamental, c'est ce qui fait une allure générale. Reste que l'opération «couleur» devient compliquée quand la mode a décrété que la tendance était au moutarde et qu'il faut des heures d'errance dans les rayons pour trouver autre chose que du moutarde, y compris dans les petites culottes... mais on ne lâche rien.

D'emblée, on laisse tomber les couleurs qui embellissent à la seule condition d'être mannequin. Soit le prune, le violet, le turquoise, le bordeaux ou toute couleur compliquée. Si vous voulez être sûre de vous brouiller le teint, misez sur l'écossais. Ajoutez un serre-tête et une jupe à mi-mollet et vous êtes en tête des préposées au catéchisme.

Foncez sur le jaune, le bleu, le gris, le blanc, le crème, le rouge... en sachant que le jaune peut très bien aller à une blonde et le noir à une brune. Mais attention au noir qui vous allait si bien et qui, surtout, vous amincissait parce que tout à coup (ah, le traître!) il vous lâche et vous file l'air d'une veuve. Et notez bien quand l'une de vos copines s'exclame : «Qu'est-ce que tu as fait pour avoir cet air éclatant?», ce n'était sûrement pas le jour où vous portiez votre pull aubergine qui est peut-être à la mode mais qui vous éteint aussi sûrement qu'un interrupteur.

Étape 4 : on pense pratique

Dans ses fringues, on doit pouvoir marcher, courir et être surtout bien dans sa peau. C'est ce qui donne une vraie allure remplie d'énergie et l'air d'être pleinement vivante.

Pas de vêtement ou de chaussures qui empêchent de se déplacer normalement. L'escarpin qui vous donne la démarche d'un manchot sur la banquise n'aura pas l'effet escompté (et vous vieillira). Choisissez des fringues qui donnent une allure décontractée, voire sport (même si vous regrettez déjà votre abonnement à la salle de gym). Vous devez pouvoir mettre un pied devant l'autre sans serrer les fesses, sans avoir l'air empaillée. Et donc avoir une vie normale et courir pour attraper un bus.

Petit rappel des bases fashion (valables à tout âge)

- Pas de total look. On oublie la panoplie complète de la parfaite fashionista. Ce qui se passe sur les podiums reste sur les podiums. De toute façon, la tendance bouge si vite qu'en trois mois vous êtes déjà dépassée. Optez plutôt pour un détail dans l'air du temps… en fonction de votre personnalité. Exemple : la chemise boutonnée jusqu'en haut, si sympa quand on est du genre détendue et pas trop psychorigide, risque de faire doublon dans le cas contraire. D'autre part, le bandeau façon Simone de Beauvoir reste assez risqué.
- Jamais plus de deux couleurs. À la rigueur, une troisième qui relèverait l'ensemble.
- Du calme sur les accessoires. On limite l'accumulation de marques, branchouilleries et bijoux trop classiques (pendentif cœur + sac siglé + boucles d'oreilles créoles king size + bracelets brésiliens + ceinture léopard = trop).

Les nouvelles interdictions

- La jupe sous le mollet ou au genou
- Le tailleur jupe et veste assorties
- Le col Claudine
- Le ras-du-cou avec un collier par-dessus
- Les chaussures coordonnées au sac
- Les grosses fleurs
- Les talons avec une minijupe
- La jupe large qui donne l'allure d'un abat-jour, non (la jupe droite, oui)
- Le mocassin avec des collants couleur chair
- Les dentelles noires
- La robe fourreau trop ajustée et sans manches
- Le châle porté sur une épaule, style marchand de tapis
- Le crop top (on planque son nombril)
- Le look endimanché
- Les bottes à lacets (ou à franges)
- Le pantalon en similicuir
- La lingerie sexy apparente
- Tout vêtement qui boudine
- Et, de manière générale, tous les chichis, volants, rubans, chouchous, franges et broderies cul cul

Méfiance méfiance

- Les imprimés, en particulier ceux à fleurs, qui donnent vite l'impression de jouer les « belles des champs ». Se tourner plutôt vers les rayures (qui donnent toujours l'idée d'une sorte d'énergie). Vérifier toutefois qu'elles

vont dans le bon sens pour ne pas vous refiler l'allure d'une échappée de la Santé.
- Le sac à dos (uniquement pour les randonnées)
- Le Bikini
- Le jogging avec l'entrejambe au niveau des genoux
- La couleur des collants. Éviter le noir opaque (= veuve corse sur son pliant) et le coquille d'œuf (= bas à varices), le chair (= naturel trop naturel, autrement dit effet nul).

Les cheveux

Principe de base : faire avec ce qu'on a (bonne leçon de vie).

Appliqué à la réalité, ça signifie qu'on garde les cheveux mi-longs seulement s'ils sont beaux et denses. Sinon, trois poils jaunes usés à force de décoloration qui pendouillent sur vos épaules, c'est l'équivalent de la mèche rabattue de la nuque jusqu'au front chez les hommes à calvitie.

Non à la nuque quasi rasée surplombée d'un brushing avec virgule sur la joue, tout simplement parce que c'est laid.

Non à la queue-de-cheval. Non aux cheveux de sauvageonne pas démêlés, et un autre non au brushing laqué/collé qui donne une tête de Playmobil. Et non, enfin, aux coupes où on n'est potable qu'un jour sur quinze (le jour du coiffeur).

Oui à la coupe la plus simple possible.

Faire une couleur ou se mettre à la mode de la crinière blanche ? Les cheveux blancs, oui, blanc-blanc (comme votre linge le plus précieux), seulement si vous êtes une grande fille toute mince, très connue, prescriptrice de tendance et que vous avez 5 millions de followers sur Instagram. Et en tout cas jamais blanc-jaune, blanc-gris, voire blanc-bleu. Les autres, prévoir un budget mensuel pour la colo.

Le make-up

J'ose imaginer (enfin j'espère, sinon c'est embêtant) que vous n'avez pas besoin de moi pour savoir qu'il est préférable d'y aller mollo sur les faux cils, le fond de teint façon Trump, le bronzage caramel, le vert sur les paupières, la teinture des sourcils. Surtout si c'est en même temps. Le maquillage, c'est comme l'alcool, on croit être plus forte que les mélanges et l'accumulation, mais le résultat n'est pas beau à voir.

En revanche, je tiens à apporter une petite touche sur la tendance *nude*. Tendance qui vise à apparaître le plus naturelle possible. Si à 20 ans ce naturel peut s'obtenir grâce à du *no make up*, soit pas de maquillage du tout, à 50 ans, je vous conseillerais de donner dans le *fake nude* (= on triche). Encore une fois, c'est injuste (ça revient souvent tout de même, cette histoire d'injustice), mais des cernes sur un teint blafard à 20 ans, ça peut donner un côté film d'auteur, à plus de 50 ans, ça fait malade. Passé un certain âge (lequel ? à vous de voir), avoir « bonne mine » reste fondamental, ne serait-ce que pour votre moral. Donc soft = mascara, crème teintée, petit coup de blush…

Quant aux ongles, la version longue et nacrée… c'est quasiment la datation au carbone 14 (et c'est en plus le signe que vous n'avez pas une activité débordante).

12

De la tentation du bistouri

Désolée, mais dans ce chapitre nous allons devoir aborder un aspect inéluctable – et hautement déprimant – lié à l'âge : le relâchement cutané. Oh, qu'il est moche, ce mot ! Au début, ça commence par la ride du lion qui se creuse et les pattes-d'oie autour des yeux (qui chaussent de plus en plus grand), puis viennent les paupières dont l'ourlet a l'air de lâcher, les petites stries au-dessus des lèvres qui semblent indiquer l'entrée de la bouche, les plis du cou façon collier pour chien, les triceps ramollos qui donnent un faux air de chauve-souris lorsqu'on lève les bras... Et, même si nous sommes inégales quant à la qualité et donc l'élasticité de nos tissus (on peut faire dix ans de moins ou dix ans de plus sans qu'on sache pourquoi), ce désastre ne réjouit personne. Mais vieillir est une réalité biologique. Que la société n'aide pas vraiment à accepter... même s'il y a du mieux. Quoique. Si, depuis quelques années, on voit des vieilles faire des pubs pour des produits de beauté, ce sont toujours des belles vieilles qui ont su résister aux effets ravageurs du temps, telle Jane Fonda (mais comment booster les ventes d'un antirides avec le sourire édenté de la mère Denis ?). Faire un tour sur les réseaux sociaux ou feuilleter les pages mode/beauté des magazines n'est guère plus encourageant. Voire carrément culpabilisant puisque, là, on n'y voit que des corps parfaits (enfin « parfaits », ça reste à prouver).

Outre cette odieuse pression, c'est souvent pour soi-même qu'on souhaite limiter la casse. Pour se sentir plus en accord avec son moi intérieur (parce que dans la tête... lalalala on a toujours 20 ans).

Alors que faire ?

Se terrer chez soi ? Enfiler une cagoule ? Demander pardon à la société de n'être pas à la hauteur de son statut de femme avec un grand F ? Et pourquoi ne pas se faire reconditionner en créature non périmée ? Pourquoi ne pas suivre l'exemple de toutes ces comédiennes, condamnées à ne pas vieillir sous peine d'être blacklistées par un metteur en scène ?

C'est là qu'arrive la question du passage à l'acte... chirurgical (ou médical). « Je le fais/je le fais pas ? » « À quoi je vais ressembler après ? » Très drôle de noter ici que nous sommes toutes d'accord pour dire que c'est réussi quand ça ne se voit pas... On pourrait se demander pourquoi le faire alors ?!

N'attendez évidemment pas de moi que je vous conseille de vous faire défriper les paupières ou piquouser les pommettes (je ne veux pas d'ennuis avec votre mari ni avec votre avocat). Cela ne signifie pas que je sois contre. Je ne suis pas de celles qui pensent que la chirurgie esthétique n'est pas soluble dans le féminisme (= encore Jane Fonda). Si ça peut aider, c'est très bien. Je suis pour tout ce qui rend plus heureux. Ce qui implique d'avoir compris que la chirurgie esthétique ne pourra jamais vous redonner vos 20 ans. Si on court après un rajeunissement, c'est un pari stupide et surtout perdu d'avance. Sans compter le risque énorme : ne jamais savoir s'arrêter et avoir rapidement une tête comme passée au fer à repasser, les narines au niveau des oreilles, le front plastifié, la bouche en pneu de 4×4, des joues bouffies comme après le passage d'un essaim de frelons…

Restez lucide!

À quoi bon un visage qui ne ressemble plus à rien, qui n'a pas d'âge (et sûrement pas 20 ans) mais pas d'âme non plus (je me suis toujours demandé ce que les femmes multi-récidivistes de la chirurgie esthétique discernaient dans la glace. Voient-elles la même chose que nous? Je ne leur souhaite pas)? Pour les autres, celles qui ne fantasment pas sur l'éradication des effets du temps et qui sont donc à l'abri de finir avec un visage façon *Massacre à la tronçonneuse*, et qui estiment que les injections ou la chirurgie sont une bonne alternative à la cagoule, je vous livre deux trois pistes qui peuvent vous aider à débroussailler le terrain. Demandez à une copine fiable ce qu'elle se ferait refaire à votre place. Faites la différence entre un complexe que vous trimballez depuis toujours (des oreilles deltaplane, un nez multiprise) et les dommages de l'âge. Demandez l'avis honnête de votre mari, coup d'un soir ou compagnon (mais n'oubliez pas que ça reste un homme, il a donc rarement un avis sur la question ou se contente de répondre prudemment : «Je t'aime comme tu es»). Entreprenez ensuite des petits ou grands travaux mais ne passez pas le réveillon là-dessus. Vivez avec votre temps et avec vos rides. Car, entre nous, mieux vaut passer pour une belle de 62 ans que pour une fausse jeune de 40.

Fuck le machisme

Dans ce monde encore hautement machiste, une femme passe au fil du temps – selon le prisme de l'homme, donc – de catégorie en catégorie. Schématiquement, on peut dire que de 20 à 30 ans, elle est bien calée dans la case «sexy». Jusqu'à 44 ans, elle demeure «jolie». Au-dessus de 45, elle devient «encore pas mal». Puis, lorsque ses 55 ans sonnent, elle est alors «bien conservée» (sous-entendu : pour son âge). Et à partir de 60 ans, elle est rangée dans la «vieille, qui a dû être belle».

Dans un monde hautement féministe (même si nous n'y sommes pas encore…), le bonheur (et la beauté) tient en une case : NE PAS MISER SUR LA SÉDUCTION… pour ne pas la subir. Vous vous souvenez certainement des déclarations de Yann Moix il y a quelque temps qui, en gros, expliquait que «coucher avec une vieille de 50 ans, non merci!» et des vives réactions que ces mots avaient suscitées. Mais n'avez-vous pas été frappée par la façon dont les «vieilles» de 50 ans ont réagi? Elles ont avec virulence crié au scandale tant il était impensable selon elles de dire qu'une quinquagénaire n'était pas sexy. Certaines brandissaient des photos de leur nudité sur les réseaux sociaux comme preuve de leur «désirabilité». Erreur à mon avis, car par ces réponses elles restaient sur le terrain de la séduction et jouaient finalement contre leur camp. Le but ultime d'une vie de femme n'est pas d'être désirée par les hommes.

Et à 50 ans, on a le droit aussi d'avoir d'autres objectifs que d'avoir le fessier d'une nana de 25. Sans compter que Yann Moix couche avec qui il veut (personnellement, de toute façon, il ne me ferait pas particulièrement envie, il est trop vieux pour moi…).

13

Quand sonne l'heure de la retraite…

Si le mot peut faire encore peur aujourd'hui, on est très loin de ce qu'il signifiait pour les générations précédentes. La « nouvelle vieille » n'aborde plus du tout la retraite comme le faisaient ses aînées. Et ce pour deux raisons majeures. D'abord parce qu'à 60 ans et des poussières (les poussières faisant l'objet de nombreux débats politiques et donc de propositions de loi…), on est dans un bien meilleur état physique (et psychique) que ne l'étaient les sexagénaires d'il y a vingt-cinq ans. En d'autres termes, on a la niaque et les articulations pour faire (encore) plein de choses. Seconde raison, l'état du secteur professionnel a connu la trajectoire inverse de celle de notre organisme : il s'est dégradé. Et ce, de façon assez paradoxale puisqu'il n'a jamais été autant question de bien-être au travail. Mais, dans la vraie vie des entreprises, le stress quotidien – quels que soient le niveau dans la hiérarchie et la mission – tend à s'amplifier tous secteurs confondus. Ainsi, en fin de carrière, la nouvelle vieille est sur les rotules. Et rien à voir avec l'arthrose. Non, elle en a tout simplement ras la (double) casquette qu'on lui demande sans cesse de faire plus, pour moins cher et plus vite… tout en lui expliquant qu'évidemment la qualité ne doit pas baisser, satisfaction de la clientèle oblige. Le client est peut-être roi mais la travailleuse a parfois l'impression d'être prise pour la reine des connes. C'est dire si elle est ravie que tout ça finisse.

Désormais, à l'heure de la retraite, on pousse un grand ouf, alors qu'avant on versait plutôt des larmes. Les pots de départ en sont une démonstration flagrante.

Avant, sous Giscard d'Estaing, par exemple, ce pot était d'une tristesse absolue, d'abord à cause du mousseux (pas frais) dans les gobelets en plastique (une autre époque, on vous dit), des petits gâteaux secs (et néanmoins mous, un exploit!), et du discours du N+1 (une vraie tête de con, capable de dire «vous allez manquer au service, Nadine», alors qu'il n'aura été que tyrannie pendant quarante ans – oui, vraiment, une autre époque, où l'on faisait toute sa carrière dans la même entreprise). Même le cadeau des collègues était pourri : «Oh, un beau livre sur les huîtres de Cancale… Merci.» Car oui, souvent, «avant», à la retraite, on retournait vivre dans sa région natale (ici la Bretagne, donc) pour une troisième partie de vie pas forcément folichonne (en tête à tête avec le mari, déjà à la retraite depuis quatre ans, donc faisant corps avec sa télé, son vélo, sa scie sauteuse ou ses mots fléchés). Bref, l'angoisse. Alors que maintenant, l'ambiance du pot de départ est nettement plus joyeuse. D'abord parce qu'on y boit du jus de goyave frais dans des gobelets en carton en grignotant un pain surprise (sans mauvaise surprise), et le cadeau, au pire on peut l'échanger s'il ne nous plaît pas, et au mieux c'est le montant d'une cagnotte qu'on utilisera comme bon nous semble, et puis si le boss dit toujours des âneries, ça n'a aucune importance puisque ce pot marque la fin du calvaire (*cf.* les conditions de travail évoquées ci-dessus = 1 personne pour 3 postes / = tenir jusqu'au bout pour obtenir tous ses trimestres / = avoir réussi à conserver son job et donc avoir évité le licenciement), et enfin, la suite est des plus réjouissante. Eh oui, la retraite aujourd'hui est une libération.

Je ne suis pas complètement naïve non plus, je sais bien que si la retraite est une libération, elle n'en est pas moins une étape parfois compliquée à passer (la retraite peut être à la vie ce que le vaccin est à la tuberculose : prometteur d'un avenir plus serein mais douloureux sur le moment). C'est un moment charnière, véritable transition entre un monde dans lequel vous aviez un travail, donc une occupation, une place sociale, et un monde inconnu… dont les promesses ne sautent pas tout de suite aux yeux. En d'autres termes, vous avez peur et c'est bien normal. Vous avez le sentiment qu'en lâchant votre vie d'avant, vous allez lâcher votre vie tout court. Il se peut (mais si ce n'est pas le cas, lisez tout de même ce chapitre, il y a quelques trucs à piquer…) que l'idée d'entrer dans votre dernière trajectoire avant la mort vous terrorise. Je ne vais pas vous dire qu'il n'y a pas du vrai là-dedans, mais je peux aussi vous affirmer (étant passée par là) qu'il y a de nombreuses et longues années à vivre avant la fin. Alors autant le faire dans la joie et la bonne humeur.

Mode d'emploi pour une retraite réussie (= sans déprime)

Glandez un bon coup

La tentation est grande, en ces temps de diktat du bonheur, d'afficher une retraite épanouie dès les premières minutes du changement de statut : « Je n'ai jamais été aussi heureuse de ma vie. » L'époque voudrait que vous annonciez, à peine votre poste quitté, que vous montez une boîte de *wedding planner* (ou de *rewedding planner*) ou que vous partez un an au Yémen pour installer des puits… mais on ne vous en demande pas tant. Ou plutôt : ne vous en demandez pas tant. Résistez à la tyrannie de l'épanouissement forcé dans toute situation (du type « la mort de mon poisson rouge m'a rendue plus forte »). Osez ne rien faire, l'assumer et le dire. Glandez, traînez, prenez le temps de digérer le passage à la retraite. Ce n'est tout de même pas rien. Et réfléchissez à ce que vous voulez. Exactement comme lors d'un emménagement, avant de se lancer dans les travaux et la déco, vivre quelque temps dans l'appartement au milieu des cartons permet de prendre de bien meilleures décisions. Pas d'urgence, après tout vous êtes payée (mal, certes, mais quand même) à avoir du temps libre. Vous pouvez vous laisser jusqu'à un an d'oisiveté, après, faites attention, ça peut s'appeler une dépression.

(Bon à savoir, les signes d'une dépression *post-retraitum* sont :

- porter la même tenue plus de dix jours d'affilée ;
- ne plus connaître les tarifs d'un brushing ;
- ne pas avoir appelé ses ex-collègues de travail depuis plus de neuf mois ;
- compter son poids par tranches de dix et non plus par kilos ;
- se dire que finalement une blouse en Tergal c'est très pratique.)

Bougez-vous

Gardez en tête que désormais vous disposez d'un bien précieux qui vous a jusqu'à maintenant furieusement manqué : le temps. Faites une liste de tout ce que vous ne pouviez pas faire avant et qui vous faisait rêver. Impossible de répondre à votre place, mais ici le moteur du plaisir doit prévaloir. Pensez à ce que vous n'avez jamais osé faire (danse classique, flûte de pan, visiter la Namibie…) et tentez le coup. Si ça ne marche pas, ça ne marche pas. Aucune gravité. Car, on l'oublie trop souvent, mais un des bonheurs de la retraite, c'est la fin des enjeux. Vous ne jouez pas votre carrière et encore moins votre vie. Pour ma part, la retraite m'a permis de renouer avec la peinture.

Bien sûr, le choix des activités dépend amplement de la situation conjugale. Lorsqu'on vit seule ou à deux, la donne n'est pas la même. Il n'y en a pas une mieux que l'autre. Si le couple est souvent un moteur (même si le conjoint est parfois un vrai boulet), être célibataire, c'est la liberté de faire ce qu'on veut sans contraintes.

Vivez enfin au présent

Tout va bien pour vous ? ou à peu près bien ? Et par « à peu près bien » j'entends : pas de drames irréversibles mais des petits obstacles, des merdouilles et autres contrariétés qui font partie des cahots de la vie. Si c'est oui, réjouissez-vous de n'avoir que des petits tracas.

On a trop souvent du mal à se dire que, au bout du compte, le présent n'est pas si mal que ça. On actionne des stratégies de pensées du type « c'était mieux avant » ou « ça sera mieux après » et on oublie le « là maintenant tout de suite » (qui, petite précision, deviendra le passé…). Pourquoi ? Pour se consoler d'un quotidien qui ne nous fait pas vibrer ? À trop penser avec nostalgie au passé ou avec espoir au futur, on se retrouve figée, comme si on poireautait dans une salle d'attente.

Restez mobilisée

Je suis convaincue qu'il est primordial d'avoir des projets tout au long de sa vie. Qu'ils se concrétisent ou non n'est pas le plus important (enfin, un peu quand même ; il faut pouvoir aller au bout de temps en temps). L'important est d'avoir envie, des envies. Je suis convaincue aussi que les envies ne nous tombent pas dans le bec par magie ou par chance. C'est un travail qui demande un minimum d'efforts, de secouage de soi-même. Pour rester dans une énergie de vie, donc d'envies, s'imposer de faire des choses chaque jour est une excellente tactique. Peu importe ce que vous trouvez. Quelque chose d'insignifiant : acheter un carnet de timbres (même en faisant la queue), prendre rendez-vous chez l'ophtalmo, puis aller chez l'ophtalmo (ça compte pour deux). Quelque chose de plus joyeux : programmer une sortie avec une copine, prendre ses petits-enfants un long week-end. Quelque chose d'utile : se renseigner (enfin) sur le bénévolat dans des associations, comparer les tarifs des salles de sport. Ou de ludique : apprendre à jouer au bridge, se lancer dans une recette de grand chef... La liste est sans fin et le propos est clair : ne restez jamais sans occupation et encore moins sans lien avec les autres. Et pourquoi ne pas se plonger dans une sage et indispensable réflexion à propos d'un nouveau budget ? Beaucoup de femmes aujourd'hui se retrouvent avec de petites retraites, ayant eu ce qu'on appelle des carrières hachées, entre congés maternité et temps partiels pendant la scolarité des enfants (la féministe que je suis ne peut que dire ici l'importance de continuer à se battre pour l'égalité des salaires et de ne pas déserter le travail, mais c'est un autre sujet). Qui dit moins de revenus dit moins de dépenses. Pour rééquilibrer votre budget, une seule solution, regardez les postes sur lesquels vous pouvez rogner : avez-vous vraiment besoin d'une deuxième voiture (si vous êtes en couple, évidemment) ? Pourquoi ne pas remplacer les restos par des dîners maison entre copains ? Et les vêtements... Ah, les fringues ! Avant de craquer pour une veste ou des chaussures à talons, posez-vous une seule question : « Quand est-ce que je vais mettre ça ? » Si une belle veste s'avérait indispensable pour les réunions professionnelles, elle l'est peut-être moins pour assister à une AG de copropriété. (Mais attention, réduire son budget fringues ne veut pas dire se trimballer en saroual et anorak. On peut faire élégant ET confortable. *Cf.* chapitre 11).

Sur ce, je file à mon cours de peinture.

14

Les nouvelles grand-mères

À quoi reconnaît-on une nouvelle grand-mère ? Elle sait appeler ses petits-enfants en FaceTime. Oui, la nouvelle grand-mère est jeune dans sa tête et… dans ses articulations aussi. Ce qui lui permet de déployer un large champ d'activités et d'occupations avec la progéniture de sa progéniture, qui d'ailleurs ne manque pas de la solliciter…

On observe trois catégories de nouvelles grand-mères.

La dispo vingt-quatre heures sur vingt-quatre

Elle n'attend que ça ! S'occuper de ses petits-enfants est pour elle un enchantement, un plaisir, un ravissement et un plein-temps. Elle adore dire à ses copines : « Ce week-end, je ne peux pas, j'AI les petits. » Et elle se donne à fond. Elle se montre incollable sur les horaires de *La Reine des neiges*, les dates des ateliers cirque, l'âge limite d'inscription au conservatoire section ukulélé… Et le plus drôle, c'est que pour ses propres enfants, elle n'avait pas fait le dixième de tout ça. Faut dire qu'elle bossait comme une dingue, à l'époque. Entre le boulot, les courses, les machines, les repas, les devoirs, le bain... ça laissait peu de place aux parties de Monopoly. Maintenant c'est Uno sur Uno. L'avantage est principalement pour les parents des petits, qui n'ont pas besoin de vérifier si elle est dispo ni même de la prévenir.

La jamais dispo

C'est vraiment en cas d'extrême urgence et uniquement pour dépanner que cette grand-mère-là va garder ses petits-enfants. Elle ne trouve aucun intérêt ni plaisir ou envie à lire *Mimi la petite souris* et encore moins à se mettre à quatre pattes pour jouer à Yakari. Elle les aime quand même mais elle les préfère plus grands. Et on ne peut pas dire que ça soit une surprise. Elle n'était déjà pas très maternelle. Elle continue sur sa lancée et n'est par conséquent pas devenue très grand-maternelle. C'est bien pour ça qu'elle dit souvent : «T'es en quelle classe, toi, déjà?» L'avantage pour les parents, c'est d'avoir été très agréablement surpris les deux fois où elle a accepté de garder les petits.

La dispo mais pas tout le temps

Certainement la plus répandue (la plus normale ?). Elle adore ses petits-enfants, les voir, les garder, mais elle a une vie aussi. Il se peut qu'elle travaille encore et, si elle ne bosse plus, entre le yoga, les cours de peinture, ses heures de bénévolat dans une assoc, ses voyages et Netflix... son agenda est bien rempli. Donc OK pour s'occuper des *kids* (oui, souvent elle dit «les kids»), mais faut prévoir, c'est tout. (Début avril, elle peut dire aux parents : «Vous n'avez quand même pas découvert aujourd'hui qu'il y a deux semaines de vacances à Pâques?») L'avantage, une parole très fiable : quand c'est prévu, c'est prévu.

Vous êtes mûre pour être grand-mère si :

- vous regardez les autres grand-mères dans la rue (l'équivalent des femmes enceintes quand vous vouliez un enfant);
- vous avez déjà acheté (en prévision) des bodys et pyjamas trop mignons;
- l'idée de changer une couche vous émeut;
- vous cherchez un prénom (pour vous, voir p. 130).

S'il existe différents types de grand-mères, elles ont toutes un point commun : celui d'apprendre à fermer leur bec pour éviter les conflits avec les parents. C'est notamment lorsque les petits sont bébés qu'on note un certain nombre de sujets de friction. Ainsi, la nouvelle grand-mère s'abstiendra de faire des remarques sur :

- Le coucher. Plus précisément sur la façon de placer l'enfant dans le lit. La tendance n'est plus sur le côté ou sur le ventre, mais sur le dos. C'est comme ça. Et non, la grand-mère n'évoquera pas la possibilité d'étouffement dans son vomi pour le petit.
- L'allaitement. Taisez-vous! Toute personne qui aujourd'hui ose dire qu'allaiter n'est pas une obligation doit être enfermée dans un cachot. Non, on ne grimace pas non plus en voyant un bébé de 26 mois encore nourri au sein (d'ailleurs au passage, apprenez à dire «un beau bébé nourri au sein!» et pas «oh, on dirait un veau sous la mère!»).
- Le lait d'ânesse (en pharmacie). Oui, ça se met dans le biberon, et non, n'ajoutez pas «Je croyais que c'était pour le bain de Cléopâtre».
- Le prix d'une poussette. Et la taille qui va avec le prix. Les poussettes façon char d'assaut sont beaucoup plus maniables et supportent le poids d'un enfant de 5 ans. Oui, 5 ans et toujours en poussette (*no comment*).
- L'accouchement sans péridurale. Vous ne pouvez pas comprendre, mais aujourd'hui la douleur fait partie de la joie. Ça permet d'être en pleine conscience du moment vécu. Évitez la dérision et de lui proposer de se faire arracher une dent de sagesse à coups de clé à molette et sans anesthésie sous prétexte que c'est naturel.
- L'argile pour les érythèmes fessiers. Rangez tout de suite votre tube de Mitosyl. Vous êtes dingue ou ignare? Qu'est-ce que vous n'avez pas compris dans le mot «perturbateur endocrinien»? Vous en avez peut-être

badigeonné le popotin en feu de tous vos enfants, mais ce n'est pas une raison.
- Les blogs de mamans. Oui, votre fille peut passer trois heures sur Internet pour chercher pourquoi sa fille a des petits boutons derrière les oreilles. Non, vous n'y pouvez rien.
- Les jouets en bois. Puisqu'on vous explique que les enfants préfèrent.
- Les tapis d'éveil. Même pour un nouveau-né ou un bébé pas très vif, ça ne peut pas faire de mal. Arrêtez avec vos sarcasmes.
- Le choix de la nounou. Mais si, une nounou qui a bac +4, qui parle anglais aux enfants et qui est payée en autoentrepreneur, ça existe.
- La découverte des légumes oubliés comme le topinambour et le rutabaga. Oui, il faut que le goût des petits s'ouvre à tout. Chut… pas de « Ça me revient, pourquoi on les avait oubliés » en moulinant (à la main, évidemment) la soupe du petit.
- Le retour des couches lavables. Oui, oui, vous avez bien entendu. Le progrès d'hier n'est pas celui d'aujourd'hui…
- La tétine. Non, il n'aura pas de tétine. Oui, il tétera son pouce, voire quatre de ses doigts qui lui feront une dentition en porte-avions, mais il n'aura pas de tétine.
- Le cododo. Comme pour l'allaitement, il faut s'écraser, ne rien dire du tout. Non, surtout pas « Et pourquoi tu ne le remets dans son lit ? », encore moins de « C'est bizarre, un enfant dans le lit des parents, non ? ».

- Le doudou. Dégoûtant mais pas question de le passer à la machine à laver, il y perdrait toutes ses saveurs.
- Les prénoms insolites. Il faut juste demander d'abord comment ça se prononce puis comment ça s'écrit. Sans préciser : « Oh, c'est rigolo, on dirait un nom de céréales ou de meubles Ikea », ni « Pourvu qu'il soit beau et pas con, avec un prénom comme ça ».

Quel nom pour la nouvelle grand-mère

- « Mémé » a disparu avec les bas à varices, les charentaises H24 et le fichu de pluie en plastique transparent à pois blancs.
- « Grand-mère » est aussi en voie de disparition. Ne fonctionne qu'à la lecture du *Petit Chaperon rouge*, mais plus dans la réalité.
- Si « Mamie » a fait un peu de résistance, l'appellation aujourd'hui, à coups de « Ah non, je ne veux pas qu'on m'appelle Mamie », est en voie d'extinction.
- « Granny », intemporel chez les gens chics, ou si vous voulez faire gens chics.
- « Zizou », c'est mignon, mais ça fait quand même très footballeur.
- « Mouna », « Mima », « Mounette », « Maminette », très en vogue pour se faire identifier génération précédente sans pour autant faire vieille croulante.
- Votre prénom. Simple, efficace, mais parfois un peu distant (surtout si vous vous appelez Jeanne-Bertille).

Et puis, on ne fronce pas le nez quand l'un de nos descendants tient à nous donner du « Mamie »… Ce n'est pas parce qu'ils vont vous appeler Loane que ça fera de vous une de leurs copines de lycée.

Les 7 phrases à ne jamais dire à vos petits-enfants ados

- « Quand j'avais ton âge, je bossais pendant les vacances. ». (D'ailleurs, proscrire toute phrase qui commence par « quand j'avais ton âge… »)
- « Elle est chouette, ta minijupe, tu me la prêtes ? »
- « Tu parles trop vite. Articule, je ne comprends rien. »
- « C'est quoi l'intérêt des jeux vidéo ? »
- « Tu me fais découvrir le rap… »
- « Moi aussi j'étais mince à 17 ans, mais avec l'âge, dans la famille, les femmes prennent toutes des hanches ! »
- « Si vous croyez que vous avez inventé les pattes d'éph ! »

Décodage des phrases que vous dites à vos enfants
(les parents de vos petits-enfants)

Quand vous dites	Ça veut dire
Il a très bien mangé.	*Je lui ai donné du Nutella.*
Oui, Sultana, c'est original comme prénom.	*Ma pauvre petite chérie, bonne chance quand tu vas devoir dire comment tu t'appelles.*
Il est calme, non ?	*Il ne serait pas un peu en retard ?*
Oui, oui, c'est bien que ta femme passe à mi-temps pour s'occuper des enfants.	*Elle m'énerve, ta feignasse.*
Ah ! En juillet, les enfants seront chez leurs autres grands-parents…	*Ils les ont eus plus que nous cette année, j'ai compté.*
Tu peux me donner les dates où tu me les laisses à Pâques, j'ai besoin de prévoir.	*Mais fichtre, crotte de bique de flûte (version polie), j'ai une vie moi aussi !*
Oui, je sais, tu ne la forces pas à aller sur le pot, elle ira quand elle voudra.	*Et quand elle aura 13 ans, tu feras pareil avec ses devoirs ?*
Ah bon ? Mais depuis quand tu es allergique au sarrasin ?!	*Tu ferais mieux d'être allergique à la connerie ambiante.*
Au revoir mes amours, à dans deux semaines !	*Je déteste quand vous partez, je vous aime tellement, vous êtes ma vie.*

QUIZ
Évaluez vos connaissances de « nouvelle grand-mère »

(Faites-le sans tricher = sans l'aide de vos petits-enfants)

1. Qu'est-ce que Fortnite ?
   A. Un skate en Kevlar
   B. Un jeu vidéo
   C. Un château fort

2. Au jeu du Uno, pour gagner on doit obtenir :
   A. 300 points
   B. 400 points
   C. 500 points

3. Que signifie « bader » ?
   A. Déprimer
   B. Bouder
   C. Se promener

4. Les films porno sont en libre accès sur :
   A. Porno.com
   B. Youporn
   C. Openboules

5. Quel terme d'argot désignant le père est redevenu tendance :
   A. Mon dab
   B. Mon vieux
   C. Mon daron

6. Qui est Lizzo ?
   A. Une chanteuse de rap américaine
   B. Un personnage de dessin animé
   C. Un youtubeur
7. Qu'est-ce qu'un cruiser ?
   A. Un cuisinier sur un bateau
   B. Un skateboard
   C. Un jeu vidéo
8. Si votre petit-fils dit qu'il va plutôt *chiller*, c'est qu'il va :
   A. Jouer en réseau
   B. Rester tranquille
   C. Aller aux toilettes
9. Quel est le prénom de la Reine des neiges ?
   A. Anna
   B. Emma
   C. Sylvie
10. Quel âge ont vos petits-enfants ?
    A. 8 mois
    B. 5 ans
    C. 10 ans

Réponses

1 B. 2 C. 3 A. 4 B. 5 C. 6 A. 7 B. 8 B. 9 A. 10 (pardon, question égarée d'un test pour stimuler votre mémoire).

15

C'est quand, vraiment vieille ?

Même si l'on peut se qualifier de « nouvelle vieille » et s'en réjouir, il faut bien reconnaître que ce titre honorable n'est pas garanti « à vie ». Dommage, mais, les années passant, il arrive un moment inéluctable où l'on prend le large et lâche l'affaire. Cela vient-il progressivement ou tout d'un coup ? Je ne sais pas, car je n'y suis pas encore et que je ne suis pas pressée d'y être.

Le grand âge

Mais, d'après des copines plus âgées que moi (j'en ai plein), c'est un peu comme si le temps était venu de changer d'orientation. Comme si on en avait assez de redoubler la même classe, de faire des efforts et qu'on sentait bien qu'on prenait la direction de la section franchement senior.

C'est le moment où l'on se rappelle que notre propre mère est morte (allons-y, employons les vrais mots et pas le pudique et dérisoire : « Elle est partie. » Où ? Chez le coiffeur ?). Elle est donc morte à tel âge et on ne peut s'empêcher de faire les comptes : « Et moi, il me reste combien de temps ? »

(Dé)comptes que l'on obtient en s'appuyant sur les données liées à l'hérédité (et du côté de mon père ?), aux derniers chiffres de l'espérance de vie (les femmes ont gagné deux ans), aux records de longévité (Jeanne Calment)… mais qui ne servent finalement pas à grand-chose, sinon à se flanquer la déprime… Ou, selon les tempéraments, à s'envoyer un verre de rosé assorti de cacahuètes pour fêter des lendemains qui chanteront encore.

Dans cette dernière joyeuse catégorie de vraies « dames vieilles », l'heure de la relâche a sonné. Au sens propre : désormais, on n'est plus « réparables » dans tous les services après-vente (dents, oreilles, hanches, cataracte…). Bref, on est entrées dans la catégorie « nos aînées » (formule politiquement correcte pour parler de celles qu'on applaudit lorsqu'elles réalisent l'exploit de se déplacer du fauteuil à la table sans s'agripper au canapé). L'énergie et la force foutent le camp. C'est comme ça.

Le temps qu'il reste

Être vieille définitivement, c'est se trouver trop âgée pour bon nombre de situations qu'on affrontait gaiement encore quelques mois auparavant (un genou qui fait mal, c'est une randonnée en moins). C'est aussi ressentir profondément un sentiment de sursis (« Combien de Noëls me reste-t-il ? »). Être vraiment vieille, c'est ne plus se souvenir de la dernière fois où l'on a croqué directement dans une tablette de chocolat, c'est avoir des sueurs froides à l'idée de déménager, être bien obligée de reconnaître qu'objectivement les projets sont plus rigolos à 35 qu'à 87 ans, ne plus voir l'intérêt de dire ce qu'on pense, savoir qu'on ne vivra plus une grande histoire d'amour avec un jeune homme («et une petite, s'il vous plaît?»).

Mais être définitivement vieille n'est pas un défaut, c'est un état de fait. Et beaucoup parmi ceux qui nous ont quittés auraient préféré avoir le passeport pour entrer dans cet âge vénérable.

Après avoir été de nouvelles vieilles, notre but est de rester des vieilles le plus longtemps possible.

Je n'ai pas de recette miracle à vous donner pour y parvenir (à part vous dire qu'il vaut mieux accepter l'idée de devoir abandonner les plats qu'on digère mal, les randonnées de plus de quinze kilomètres, le tennis, le sexe acrobatique et les projets faramineux – il est plus sage de se contenter de ceux pour le lendemain, voire de la semaine prochaine).

Ce que je peux vous dire, surtout, c'est que vieillir, c'est quand le présent prend le pas sur le futur… et sur le passé.

Si on ne peut plus courir comme à 20 ans, ça ne veut pas dire qu'il ne faille plus avancer. Vieillir, c'est apprendre à courir lentement.

Et, d'ici là (il sera toujours temps d'y réfléchir), ne laissons pas passer cette chance sensas d'être de nouvelles vieilles.

16

Et la mort ? Tant qu'à faire... parlons-en
(Parce que – morale de l'histoire de ce livre –
il ne faut jamais reculer devant l'obstacle.)

Ce chapitre n'est pas le plus hilarant qui soit, mais, à ce qu'il paraît, la mort est une donnée inéluctable de la vie. (Personnellement, je suis contre, mais personne ne semble tenir compte de mon avis.)
En toute logique, plus on avance en âge, plus on est confrontées à des décès. (Il y aura le nôtre, mais dans un premier temps il s'agit de tous ceux qu'on aime, et sans ordre de priorité...) C'est ainsi que régulièrement, au fil du temps, on est amenées à supprimer de son téléphone le numéro de personnes qu'on aimait bien mais qui ne répondront plus à nos appels. À tel point que bien souvent, d'ailleurs, on ne sait plus où on en est : « La sœur de Brigitte, elle est morte ou pas ? ».
Il y a le décès des membres de la famille, des amis, des très bonnes copines, des anciens collègues, des célébrités de notre adolescence et du mari bien sûr (l'espérance de vie des femmes étant nettement supérieure à celle des hommes).
Dans ces pages, il ne va évidemment pas s'agir de « mes petites astuces pour bien faire son deuil » ! Désolée, il va

falloir vous débrouiller toute seule comme une grande avec votre peine et votre chagrin inconsolable.

En revanche, je vais évoquer ici quelques petits « à-côtés » du deuil non négligeables.

Ainsi, ne sous-estimez surtout pas l'aspect financier de la chose. Car qui dit mort dit funérailles, donc fleurs et parfois déplacement. Le budget enterrement est à l'inverse des dépenses en escarpins, un poste qui ne diminue pas avec le temps, bien au contraire.

Sur un plan pratique (histoire de rire de nous-mêmes dans ce chapitre vraiment pas réjouissant – mais ne pas aborder la question serait vraiment dommage), si vous êtes en recherche d'un compagnon, faites d'une pierre (tombale) deux coups. À savoir : ouvrez l'œil. L'enterrement est à la vieille célibataire ce que le mariage est à la jeune : une formidable opportunité de rencontre (et même de fous rires complices et incontrôlables). Mettez-vous sur votre trente et un même si la cérémonie funéraire tombe un 12 et optez pour un maquillage waterproof (les larmes sont souvent inévitables).

Enfin, je vais maintenant aborder le douloureux sujet de votre propre mort. Je me doute que l'idée de votre disparition ne vous enchante pas particulièrement. Je sais aussi que votre appréhension du « après ma mort » concerne vos enfants. Vous vous souciez bien sûr du chagrin qu'ils auront mais craignez surtout qu'ils ne se déchirent (voire s'entretuent) au moment de l'héritage (« Et tout le pognon que maman t'a filé au moment de ton divorce. Tu comptes le déduire ? »).

C'est pourquoi la seule possibilité qui s'offre à vous est d'appliquer les conseils qu'on trouve fréquemment dans les toilettes publiques : « Merci de laisser cet endroit aussi propre que vous l'avez trouvé en entrant. » La loi m'interdit de vous recommander des noms de notaires, mais signez et faites signer à vos enfants tous les documents nécessaires pour que tout soit au clair le moment venu. Rangez bien tout le dossier : « Les enfants, les enfants, écoutez, s'il m'arrive quelque chose, tout est dans le dossier cartonné bleu dans le troisième tiroir de la commode de ma chambre. » Et glissez-y une lettre la plus joyeuse possible pour, en gros, leur dire : « Mes enfants, ne pleurez pas trop longtemps, ça ne changera rien. Vivez, soyez heureux. Je vous aime. »

EN BREF

- Vieillir, c'est comme la coloscopie, personne n'aime ça mais tout le monde y passe.
- Jouer à la jeune n'enlève pas les années mais ajoute du ridicule (une chèvre ne ressemblera jamais à une biquette… même avec un lissage brésilien).
- Lâcher l'affaire n'est pas une bonne idée (ce n'est pas parce qu'on est vieille qu'on doit porter des pantalons en Tergal et des chaussures doublées moumoute).
- Vieillir, c'est comme le sudoku, ça demande de l'entraînement (et tous les jours).
- (Re)trouver l'amour après 50 ans, c'est comme l'abattement fiscal, possible mais sous certaines conditions.
- L'âge ne fait pas tout (une vieille conne a souvent été une jeune conne).
- Vieillir, c'est être assurée de voyager assise dans le bus.
- Vieille au XXIe siècle, c'est beaucoup plus amusant qu'au Moyen Âge.
- La ménopause est à la femme ce que la roulette est à la carie (un moment parfois pénible mais qui finit par avoir du bon).
- Le sexe après 50 ans, c'est comme les verres progressifs, hyper bien à condition de procéder à quelques ajustements.
- Vieillir, c'est se réjouir chaque matin d'être encore vivante et de pouvoir en profiter.

ANNEXE

Toutes les questions que vous avez toujours voulu poser à votre gynéco sur la ménopause sans jamais oser le faire

Les réponses du Dr David Elia, gynécologue obstétricien

C'est quoi exactement, la ménopause ?
La ménopause est l'arrêt définitif du fonctionnement des ovaires : ils ne fabriquent alors plus d'ovules (plus de grossesse possible) ni d'hormones, et en particulier les hormones œstrogènes et progestérone. Dès lors, le corps doit s'accommoder de cette absence d'hormones avec lesquelles il a vécu de la puberté jusqu'à la ménopause. Cette adaptation se fait de façon très variable selon les femmes.

Pourquoi tout se débine ? Entre peau qui craquelle, humeur dégradée, cheveux qui tombent, bouffées de chaleur... c'est la débâcle.
L'absence d'œstrogènes va, dans plus de 70 % des cas, provoquer des bouffées de chaleur, des suées nocturnes, mais aussi d'autres symptômes très variables en fonction des femmes, tels que des troubles du sommeil et la fatigue qui s'ensuit, des douleurs articulaires inhabituelles, des angoisses, le moral plutôt dans les chaussettes, la libido à triple 0. Il y a un autre symptôme, beaucoup plus tardif

chez celles qui le vivront : la sécheresse vaginale, qui survient, en général, pas avant la deuxième, troisième, voire la quatrième ou cinquième année qui suit l'arrêt des règles. La prise de poids, quoi qu'on en pense, n'est pas une conséquence de la ménopause, mais plutôt une accumulation de kilos qui a commencé dès l'âge de 20 ans et qui trouve ici son apogée vers 50 ans, c'est-à-dire vers l'âge de la ménopause. Attention : aucun de ces symptômes n'est obligatoire et, selon les femmes, ils seront présents ou non, parfois un seul, parfois tous, et enfin ils seront de très peu gênants à très gênants : vous êtes toutes différentes !

Si je n'ai aucun symptôme désagréable, qu'est-ce que je fais ?
Vous vous offrez une coupe de champagne !

C'est quoi exactement le traitement hormonal dont on entend tout et son contraire ?
Le traitement hormonal de la ménopause consiste à prescrire des œstrogènes et de la progestérone. Les œstrogènes sont les hormones clés : ce sont elles qui effacent en l'espace de quinze jours tous les symptômes désagréables éventuellement présents. Ce sont elles aussi qui protègent l'os de la fragilisation chez celles qui sont concernées par ce point précis. La progestérone, elle, n'a qu'un seul but, mais il est essentiel : protéger l'utérus, et en particulier la muqueuse utérine qui tapisse la cavité utérine, d'un risque augmenté de cancer de l'utérus. Il est donc fondamental que cette progestérone soit toujours associée aux œstrogènes.

Ma mère a eu un cancer du sein, puis-je prendre sans risque des hormones ?

Ce point est à discuter avec votre médecin. Dans de très nombreux cas, il ne s'agit pas d'une contre-indication au traitement hormonal de la ménopause, mais dans certains cas particuliers la prudence s'impose, et le traitement hormonal pourrait être contre-indiqué ou fortement déconseillé. En ce qui concerne le cancer du col de l'utérus, c'est un cancer qui est induit par un virus (papillomavirus) qui n'a aucune corrélation avec le fait de prendre un traitement hormonal : il doit donc être dépisté par un test PCR papillomavirus et éventuellement par frottis si la PCR est positive.

Le risque de cancer de l'utérus sera surveillé par échographie, au moindre doute (saignements par exemple), que vous preniez ou que vous ne preniez pas un traitement hormonal de ménopause.

Je suis contre les médicaments, je ne veux que du naturel, est-ce que les plantes ont l'efficacité des hormones médicamenteuses ?

Les médicaments dits « naturels » sont le plus souvent des extraits de plantes. Il s'agit ici principalement des phytœstrogènes, c'est-à-dire la plupart du temps des isoflavones de soja, qui ont montré une bonne efficacité sur le symptôme bouffées de chaleur, mais qui n'ont pas d'autre efficacité sur les autres symptômes, notamment sur la protection osseuse. Un médicament à base d'extraits de pollen a montré lui aussi une efficacité intéressante, même si elle est bien moindre que celle des traitements hormonaux médicamenteux concernant les bouffées de chaleur.

On peut s'attendre à 60 % de diminution ou de disparition des bouffées de chaleur chez les femmes qui suivent ces deux traitements.

La différence entre les extraits de pollen et les isoflavones de soja : les phytœstrogènes sont des hormones végétales, alors que les extraits de pollen n'ont absolument aucune activité hormonale.

Depuis la ménopause, j'ai la libido à zéro. Les hormones ont-elles un impact sur le désir sexuel ?

Oui, c'est évident dans les deux sexes. Pour l'homme, c'est la testostérone, pour les femmes ce sont les œstrogènes et… la testostérone aussi. Il est très fréquent qu'à la ménopause les femmes témoignent d'une baisse, voire d'une disparition, de leur désir sexuel, et l'on comprend que si elles ont, en plus, des douleurs pendant les rapports, en raison de sécheresse vaginale induite par la ménopause, elles finissent par être totalement démobilisées sur le plan sexuel.

Et sur les douleurs liées à l'acte sexuel ?

La réponse est oui. Les hormones, surtout lorsqu'elles sont données par voie générale (ce qu'on appelle le traitement hormonal de la ménopause), agissent rapidement, en l'espace de quelques semaines. Le traitement d'œstrogènes par voie locale vaginale (gel, crème, ovules…) peut aussi avoir un impact positif sur ces douleurs. Ce dernier traitement est cependant souvent boudé par les femmes qui le trouvent, certes, efficace mais qui rechignent car il est à appliquer directement dans le vagin, tous les deux jours. De plus certains produits ont l'inconvénient de couler... Un traitement intéressant, non hormonal, de la sécheresse vaginale est en train de s'imposer progressivement depuis plusieurs années, c'est celui de l'application de laser vaginal (trois séances indolores de dix minutes) : c'est une alternative séduisante et efficace pour celles qui ne peuvent pas, ou ne veulent pas, utiliser d'hormones. Bien entendu, cela n'agit que sur le problème de sécheresse vaginale.

Si je n'ai plus de rapports sexuels, les hormones de substitution, je n'en ai pas besoin ?

Il est clair que les hormones de substitution, qu'elles soient générales ou locales, n'ont d'intérêt pour ce symptôme que s'il y a des rapports sexuels. Maintenant, il y a les autres symptômes éventuels qui peuvent gâcher la vie de tous les jours, comme le problème de la prévention de l'ostéoporose.

Une amie qui a une belle peau et peu de rides me dit que c'est grâce à son traitement hormonal...

En fait, elle a peut-être raison, mais pas sûr. La « belle peau » que l'on peut avoir ou ne pas avoir dépend de multiples facteurs, dont le facteur génétique, l'exposition au soleil, au vent, au tabagisme. Je connais des femmes sous traitement qui n'ont pas de belle peau, et d'autres qui n'ont pas de traitement et qui ont des « peaux de bébé ». Il est certain que le traitement va plutôt dans le sens de la protection de la peau dans la mesure où il perpétue une certaine hydratation et, surtout, une meilleure vascularisation cutanée. Ce dernier point étant un facteur important du teint de la peau.

Un traitement hormonal, c'est à vie ?

La durée du traitement est très variable d'une femme à l'autre. À titre d'exemple, à l'âge de 75 ans, 20 % des femmes ont encore des symptômes de la ménopause, ce qui est très faible par rapport à la proportion de femmes ayant des symptômes à 50 ans (75 à 80 %). Un certain nombre de femmes pourront arrêter ce traitement au bout de cinq, dix, quinze ou vingt ans, ou plus. En fait, la poursuite du traitement hormonal est nécessaire tant que les symptômes gênants subsistent à l'arrêt du traitement.

C'est remboursé par la sécu ?

Oui, le traitement est peu cher et il est remboursé par la Sécurité sociale pour presque tous les traitements disponibles.

Table

Prologue — 9

1. C'est quand, vieille ? — 15
2. Merci la science… — 23
3. De l'importance de faire mouliner son cerveau — 29
4. L'angoisse du mari (tout le temps) à la maison — 33
5. Ce qu'il faut savoir sur le divorce et le remariage (avant de se lancer…) — 47
6. Quand la nouvelle vieille veut (re)trouver un mari — 51
7. Et le sexe dans tout ça ? — 63
8. Le travail après 50 ans quand on est une femme — 71
9. Les copines, une question de survie — 79
10. La (nouvelle) relation mère/fille — 95
11. Pourquoi faut-il changer de look après 50 ans ? — 101
12. De la tentation du bistouri — 111
13. Quand sonne l'heure de la retraite… — 117
14. Les nouvelles grand-mères — 125

15. C'est quand, vraiment vieille ? 135
16. Et la mort ? Tant qu'à faire… parlons-en 139

En bref 143

ANNEXE
*Toutes les questions que vous avez toujours voulu poser
à votre gynéco sur la ménopause sans jamais oser le faire* 145

Composition : Utibi.
Achevé d'imprimer par Grafica Veneta S.p.A.
à Trebaseleghe (Pd).
Premier dépôt légal : février 2021.
Dépôt légal : avril 2021.

ISBN 978-2-207-16059-6 / Imprimé en Italie.

397302